できる店長は、「これ」しかやらない

すべての悩みは「仕組み」が解決する

鳥越恒一
Torigoe Koichi

PHP

はじめに

⦿「できない店長代表」だった私を変えた出会い

私は店長時代、「できる店長」とは程遠い、「できない店長代表」みたいな店長でした。時代背景や育った環境の影響もあると思いますが、私の性格や勉強不足が主な原因でした。

私は幼少期、裕福とは言えない環境で育ちました。そのため、幼い頃から「成功」に対して強い執着心があり、他の人たちも同じだと錯覚していました。

成功を得るためには圧倒的な努力が必要だと思い、誰よりも仕事に没頭し、長時間労働をするだけでなく、部下にも同じことを求めていました。

「なぜ、皆、必死に頑張らないのだろう」

「なぜ、もっと考えないのだろう」
「なぜ、行動を起こさないのだろう」
「なぜ、文句ばかり言うのだろう」

今となっては、皆、仕事に対して求めるものはそれぞれで、誰しもが大成功を目指しているわけではないと理解できます。育った環境も違えば、仕事と生活のバランスに関する考え方も違います。精神的、身体的なタフさだって、人それぞれです。

しかし、未熟な当時の私は、自分の仕事に対するスタンスが正しいと決めつけていました。自分以外の考え方を受け入れる発想がなかったのです。

その結果、**仕事を「任せられない店長」になりました。**自分がやったほうが早いし、結果も良い。教える手間も省ける……。

そして、どんどん仕事を抱え込むようになりました。

睡眠時間を削って仕事をするため、寝不足から精神的に不安定になり、イライラや落ち込みが激しくなりました。周囲の人への気遣いもできず、そのため多くの部下が辞めていきました。

当時は「根性のない奴らだ」と思っていましたが、自分がその立場だったとしても、辞めても仕方がない状況でした。

プライベートもうまくいきませんでした。

本来、大切にすべき、恋人、家族、友人に対してもぞんざいに接し、多くの大切な人を失いました。

完全に空回りしていた店長時代でしたが、あるとき、私の人生を変える考え方に出会いました。孟子《もうし》（中国戦国時代の儒学者《じゅがくしゃ》・思想家）の「性善説」です。「人の本性は生来善である」という言葉に衝撃を受けました。

私は幼少期、貧しかった時代に、バカにされて（思い込みもあったと思いますが……）惨めな気持ちになったり、貧富で人を区別する多くの大人たちを見たりして、強い猜疑《さいぎ》心《しん》を持つようになりました。私に起こるさまざまな出来事を、邪推して捉える癖が身についてしまったのです。

そんなとき、性善説に触れ、**人はそもそも善であるという前提で人と接することの大切さ**を学びました。

⊙ルールを作れば作るほどうまくいかないワケ

もちろん、すぐに思考や行動が変わるわけではありませんが、少しずつ周りにいる人を大切にするよう意識しました。

また、邪推することを止め、物事を肯定的に捉えるようにしました。

そうすることで、まず、自分が救われました。**猜疑心を持たないこと、邪推しないことは、なんて気分が良いのだろう、**と。

その後は人の意見を否定せず聴けるようになり、人の良いところを発見し、伝えることができるようになりました。

そうしていることで、少しずつ物事が好転するようになりました。

当時、私を支えてくれていた人たちに謝りたいと思っています。

それ以降は、もっとマネジメントについて学ばなければならないと思い、哲学だけでなく、心理学、ロジカルシンキング、マーケティング、会計、時には宗教まで、さまざまなことを学びました。

徐々に周囲との人間関係ができてくると、もっと良い成果を皆で出したいという気持ちが湧いてきます。

そこではじめに取り組んだのが、ルール作りです。多くのルールを作り、ルール違反がないように、部下たちを牽制《けんせい》しました。

しかし、ルールを作るとルールを守るためのルールが必要となり、そのルールを定義するための基準が必要になって、それはもう複雑で、結局、あまり意味のないルールをたくさん生み出すことになりました。

よく考えると、**ルールや規則などは「性悪説」から成っています。**悪いことをする前提で、「悪いことをしたら罰しますよ」というのがルールだからです。

もちろん、牽制、未然防止のためにルールは必要ですが、ルールや規則がやたら多く、細かくなると、やはり「性悪説」になってしまいます（ちなみに、「性悪説」の考え方も「なるほど、確かに！」と納得するところが多く、教育や秩序の必要性を説いていますので、「性悪説」を唱えた荀子《じゅんし》〈中国戦国時代の儒学者・思想家〉が悪いというわけではありません。ここでは「性悪説」という言葉尻を捉えていることをご理解ください）。

⊙シンプルな「仕組み」が最大のポイント

一方、仕組みは「性善説」から成っています。

生来、人は誠実で勤勉である。だから、仕組みを整えておけば、誰でも成果を出せる。

業種によりますが、店舗の仕事は、個々の能力に頼っていては、一部の特別に能力の高い人しか活躍できません。しかし、能力ではなく「勤勉」に集中した仕組みを作れば、誰でも活躍できると考えています。

正しくやれば誰でも成果が出るのが仕組みです。

さらに、**仕組みは人を悪者にしないためのもの**です。

人間誰しも、勤勉であっても、ミスや失敗をすることはあります。

そのミスや失敗をなくすために作るのが、仕組みです。

ミスや失敗が起こったら、悪いのは仕組みの精度であり、人ではない。まず改善すべきは仕組みである。そして、どのように改善すべきかを皆で考えれば、より良い仕組みができあがり、無理なく成果が出せるようになっていくのです。

こうした経験も踏まえ、仕組み化が必要だということに思い至ったのですが、仕組みも考えれば考えるほど複雑になり、運用が難しくなります。運用のための仕組みが、また増えていきます。これでは、仕組み自体が機能しません。

仕組みは、とにかくシンプルに運用できることが重要です。工夫して運用したり、アレンジを加えることを認めたりして、フレキシブルでシンプルな仕組みを作ることが、うまくいくポイントだということもわかりました。

◉「店長は向いていない」と思っている人でも「できる店長」になれる

実際、シンプルな「仕組み」の効果は絶大でした。具体的には、次のような良い変化を私にもたらしてくれました。

・任せられる仕事が増えて余裕ができた
・トラブル対応にとられる時間が減った
・新人スタッフの早期離職がなくなった
・スタッフの育成スピードが上がった
・お客様からの苦情が減った

・無理せず利益を増やすことができるようになった

このような店長時代の経験は今の私の礎《いしずえ》となり、仕事においても、プライベートにおいても、多くの幸福に導いてくれました。

その後、コンサルタントとして独立した私は、これまで延べ5万人以上の店長から相談を受け、また多くの企業の課題改善に取り組んできました。

そうしたなかで、「店長はスタッフ個人の能力にフォーカスするのではなく、仕組み作りに注力することが重要だ」という考えは、確信に変わっていきました。

先ほど、「仕組みを整えておけば、誰でも成果を出せる」と述べましたが、**仕組み作りに注力すれば、誰でも「できる店長」になれます。**

かつての私のように、「店長に向いていない……」と思っている人もいるかもしれませんが、そんな人でもリキまず成果を出し続けられるようになります。

その結果、店長にゆとりが生まれ、よりレベルの高い仕事に挑戦したり、周囲への気遣いを十分できるようにもなります。そうすれば豊かな人間関係ができ、自分もスタッフも幸福感を得られるようになるのです。

◉幸福を得るために「知ること」から始めよう！

昨今の店長の仕事は非常に大変だと思います。

多くの店長から日々相談を受け、何とか前向きに頑張れるよう助言をしていますが、助言レベルでは何ともできないことも多々あります。やはり、仕組みを変えなければ解決できない問題があるのです。


店舗ビジネスは、長く人手不足が続いています。外国人労働者やシルバー世代の方々が参画《さんかく》するだけでは追いつかない状態です。また、中高年が正規雇用されないという社会的な課題もあり、店舗ではさまざまな国、世代、状況の人たちが働いています。

新卒の正社員が1〜2年で店長になることも少なくない業界で、若く、経験がないのに、難しいマネジメントを要求されます。

人のマネジメント、日々の運営だけでも大変ななか、当然、売上や利益といった成果も求められます。**成果を求める上司や会社もどのようにすれば成果が上がるのかわかっていないのに、厳しく成果について追及される。**店を預かる店長として当然のことだとは思いますが、とはいえ、必要な教育や支援がなければ成果を出せないのも事実です。

皆さんが、現在、どのような状況に置かれているか、さまざまだと思いますが、**今よりもう少し状況を良くするためには、まず、知ること**が必要です。

世の中の状況、会社のルールや制度、マネジメントにおいて何をするべきか。そして、どんな人生の目標を持ち、何を大事にするべきか。

この本には、皆さんが店長の仕事を通して多くの幸福を得られるように、必要な仕組み作りについて書きました。**「『できる店長』になるために、これだけはぜひとも知っておいてほしい」ということだけを厳選**して紹介しています。

日々の仕事が忙しくて何を学んだらいいか悩んでいる人も、自分は店長には向いていないと思っている人も、まずはこの本の中の取り組めそうなことから始めてください。なかには自分の権限ではできないこともあると思いますが、会社に対して粘り強く、論理的に提案することで、少しでも実現できると思います。

大変な日々が続きますが、必ず明るい未来があります。皆さんが、自分が思う幸福をより多く手に入れられるよう、心よりお祈り申し上げます。

ＤＩＣ幹部育成コンサルティング株式会社　代表取締役　鳥越恒一

目次

できる店長は、「これ」しかやらない

すべての悩みは「仕組み」が解決する

第1章 どんな人でも「できる店長」になれる！

第2章

「人が辞めず定着する」仕組み

第3章 「人がどんどん育つ」仕組み

第4章 「お客様がファンになる」仕組み

第5章 「売上を安定させる」仕組み

第6章 「適正利益を確保する」仕組み

第7章

「お店をリスクから守る」仕組み

第1章

どんな人でも「できる店長」になれる！

01

経営者は「カリスマ店長」を求めていない

新任店長ほど「カリスマ店長」に憧れるかもしれないが、「できる店長」にカリスマ性は必要ない。第1章では、一見、店長に向かないような人でも、「できる店長」になれる仕組みを解説する。

⦿どんな個性も強みにできる

店長にはカリスマ性を持った特殊な人しかなれないと思い、店長職に二の足を踏む方もいらっしゃると思います。しかし、そんなことは考えなくて大丈夫です。店長にカリスマ性は必要ありませんし、店長は特別な能力を必要とする仕事ではないのです。

店長に必要なのは、「仕事と人に対して誠実」なことです。

そして、自分の強みを活かすことです。

生真面目《きまじめ》（融通《ゆうずう》が利《き》かない）、控えめ（自己主張が苦手）、神経質（細かいことを気にしすぎる）、短気（怒りっぽい）、自己中心（何でも自分で決める）、任せられない（自分でやったほうが早い）など、一般的にネガティブとされる要素も個性であり、逆に、強みにもなります。

個性は、ＴＰＯ（時・場所・状況）に応じた適切な出し方、見せ方により、マネジメントやリーダーシップに活かすことができるのです。

「仕事と人に誠実」であれば、個性を活かしつつ、仕組みを使って、必ず「できる店長」になれます。

焦らないでください。諦めないでください。

あなたは「できる店長」に必ずなれます。

◉仕事に対して誠実であれ

崇高《すうこう》な響きに聞こえるかもしれませんが、平たく言うと、「ルールを守る」といった当たり前のことを当たり前にやり続けるだけです。

特殊な能力や、極めて高い志は必要ありません。

以下の簡単なことを守ればいいだけです。

①出退勤の時間をきちんと守る
②休憩は時間内で終えて業務に戻る
③就業時間中はさぼらない
④身だしなみのルールを守る
⑤お店の備品を私用で使わない
⑥現金、商品、原材料などを着服しない
⑦マニュアルを正しく守る
⑧虚偽報告をしない
⑨設備を大切に扱う
⑩お客様に失礼な言動をしない
⑪お客様から利益供与を受け、便宜を図らない
⑫パワハラ・セクハラをしない
⑬好き嫌いでシフトや仕事の割り当てをしない

いかがですか。

正直、就業規則の服務規程程度のことで、なかには守らないと犯罪行為になることも含まれています。

こんなことを守るのは当然のことですが、少しでも抵触したり、怪しまれたりするだけで、仕事への誠実さを疑われることになります。そんなことをする店長を、誰も信用しません。

まずは**ルールを徹底して守ることが、最低限の条件**です。

⊙人に対して誠実であれ

お店は1人では運営できません。多くの仲間の協力を得る必要があります。

多くの協力を集めるためには、スタッフ一人ひとりに対して敬意を持って接することが大切です。敬意を持たれたスタッフは店長に対して敬意を持ち、積極的に協力してくれるようになります。

恐怖（高圧的なマネジメント）では真の協力は得られません。

自分より経験が少なかったり、不器用だったり、覚えが悪かったり、大きな声が出せなかったり、接客が上手でなかったりしても、人としての価値はそれで決まるわけではありません。

どのスタッフにも、必ずあなたよりも優れた部分があります。それを見つけるのも店長の仕事です。

その優れた部分を見ずに、自分より劣っていることばかりに目を向け、敬意を示さないことは、人に対して誠実であるとは言えません。

スタッフ一人ひとりの良い部分を書き出し、声に出して読んでみてください。周りには有能な仲間がたくさんいることに気がつくでしょう。

そして、気づいたら、直接本人に敬意を言葉で伝えましょう。

「○○さんはこれが得意ですね！　この業務については、私は○○さんに敵《かな》いません。ぜひ力を貸してください！」

このひと言が、スタッフたちから協力を得るためのカギです。

⊙経営者が望むのは安定した店舗運営

お店にカリスマ店長がいることは、一見、素晴らしいことに思えます。「経営者もそのほうが良いと考えている」と思っている店長も多いかもしれません。

しかし、実は、経営者はそんなふうに考えてはいません。

経営者が望んでいることは、一部の特殊な技能を持ったカリスマ店長が活躍することではなく、何でもできるカリスマ店長がお店にいても、いなくても、同じように店舗運営ができることです。

カリスマ店長が店頭にいるときはお客様が大勢いらっしゃるし、カリスマ店長にお客様がつきます。しかし、もしそのカリスマ店長が退職してしまったらどうでしょう。お客様はもうお店に来なくなってしまうかもしれません。

この状態に陥《おちい》るリスクが、経営者にとっては非常に不安なのです。

店長には、自分個人にお客様をつけるのではなく、お店にお客様をつけてほしいと思います。お店の営業はずっと続きます。お店の標準化、次世代の育成、安定的な運営ができる店長が、経営者が本当に望んでいる店長です。

Point

店長は仕事と人に対して誠実であればいい。

02

不得意・苦手は計画的に克服する

いきなり「できる店長」になれる人はいない。不得意・苦手は誰にでもある。急ぎすぎず、計画的に克服していこう。

⊙計画は上司と共有しておく

「できる店長」＝万能でなければならない――。

そんなことはありません。不得意・苦手な分野は誰にだってあります。最初から何もかも完璧にできる人なんていません。

大事なのは、自分が不得意・苦手な分野が何かを知っていることです。知れば、克服することができます。避けていても、克服できません。

ただ、急ぎすぎると、「克服」ではなく「諦め」に向かって行きます。

1ヶ月、半年、1年と、自分が克服したいテーマを、計画を立ててじっくり克服していきましょう。

計画は、立てるだけでなく、上司と共有しておくことで、協力が得られたり、自分を奮《ふる》い立たせたりすることができます。頭の中ではなく、必ず文字に起こして共有するようにしてください。

多くの人が苦手とする分野を次にまとめました。あなたはどの分野が苦手ですか?

①部下・上司とのコミュニケーション
②部下に対するリーダーシップ
③時間管理・計画
④数値分析・数値管理
⑤お客様対応
⑥交渉(社内・社外)
⑦企画・提案

⑧トラブル対応・問題解決
⑨報連相
⑩自己管理（健康・時間）

自分の課題を認識したら、まずは学びましょう。

あなたと同じような課題で多くの人たちが悩んでいます。

問題を解決した人たちが多くの書籍を出版しています。

そこから学び、1つずつ克服していきましょう。


大丈夫です。**課題に気づいている時点で、克服に向かっています。**

問題なのは、課題に気づかないことです。

自分で気づけない場合は、上司や部下に話を聞いてみましょう。きっと適切な助言がもらえるはずです。

⊙まずは得意分野や強みの発揮から

経営者が「できる店長」が欲しいと思うのは当然のことだと思います。あなたが経営者だったとしても、どうせなら「できる店長」にバリバリ活躍してもらいたいと考えるのではないでしょうか。

ただ、はじめからそんなに都合良く誰もが「できる店長」になれると、経営者も楽観的に考えてはいません。いずれは「できる店長」になってもらいたいとは思いますが、その活躍を最初から望むことはありません。

まずは、どの店長にも、**自分の得意分野や強みを活かして、リーダーシップを発揮してほしい**と思っているものです。

一生懸命頑張る。人に対しての姿勢が素晴らしい。真面目で正直。

そんな強みを持っている店長は、「できる店長」以上に信頼が持てるものです。

自分の強み、得意分野を活かして、お店を引っ張り、リーダーシップを発揮することを意識してほしいと思います。

Point

どんな店長にも苦手はある。少しずつ克服していこう!

03

先頭に立って行動するタイプでなくても「できる店長」になれる

お店の中の声の大きなスタッフ（お店で影響力を持っているスタッフ）にナメられてしまい、リーダーシップがとれない状態に陥りがち。そんな人でも、「できる店長」に変わることができる。

⦿「強み・弱みシート」を全員で書く

店長が、全員、先頭に立って行動できるタイプというわけではありません。

先頭に立つのが苦手な店長は、**先頭に立つのが向いているスタッフを活用し、周囲を巻き込んだリーダーシップスタイルでお店をまとめていきましょう。**

今は、強いリーダーシップよりも、周囲との親和性を重視するリーダーのほうが好まれる傾向があります。

そこで、具体的に取り組んでもらいたいことを3つご紹介します。これらは、私のコンサルティング先企業が実際に取り組んで、成果が出たものです。

最初に紹介するのは、**「強み・弱みシート」**です。

これは、各人の仕事上の強み・弱みを可視化するものです。人には強み（得意）と弱み（不得意）が必ず存在することに気づいてもらうことが目的です。

つまり、「店長だって万能じゃないということもわかってほしいし、あなたが万能じゃないことも、皆わかっているよ」というメッセージです。

これによって、店長は堂々と自分の苦手分野を公開し、得意な人に協力を求めることができるようになります。逆に、店長の強みを改めてアピールすることもできます。

例えば、ある飲食店の新人店長は、自分の強みを「売上分析～戦略の立案」、弱みを「接客販売」としてシートに書き出しました。

スタッフたちにも、全員、書いてもらいました。すると、そのお店のスタッフの弱みは「分析・計画」で、「接客販売」を強みとする人が多いことがわかりました。

そこで、店長は実績からお客様の動向を分析し、より購買意欲が高まる戦略を立て、接客販売の得意なスタッフたちがしっかりとセールスをして売上につなげました。

店長がスタッフたちを信じて積極的に仕事を任せていったことで、お店の売上を大きく拡大することができました。

スタッフ全員のことを知らなければリーダーシップは発揮できません。「強み・弱みシート」を書いてもらうことで、スタッフそれぞれの個性をすぐに知ることができます。そこから、各人の強みに合わせて、仕事を振り分けたり、頼ったりできるようになるのです。

スタッフも、お店に対して自分の強みを明らかにすることで、周囲からの尊敬を得られるとともに、強みを活かしたお店への貢献を実感できるようになります。

◉権限規定の内容を十分に把握し、公開する

2つ目は、**店長の権限規定の内容を十分に把握し、公開する**ことです。

控えめな店長で、お店のリーダーシップは別のスタッフがとっていたとしても、店長には強い権限があります。スタッフに甘く見られていたとしても、仕事ぶりを評価し、厳しい判定を下すことができるのが、店長という立場です。

店長が持つ権限には、シフト（どのくらい働いてもらうか）、ポジション（どんな仕事を与えるか）、組み合わせ（誰と組ませるか）、人事考課（昇進・降職、時給の決定）などがあり、働くスタッフにとっては生活にも影響を与えるインパクトを持ちます。

店長を軽く見て仕事をいい加減にするスタッフと、協力的で熱心に仕事をするスタッフ、どちらをシフトに多く入れ、重要業務を任せ、高い報酬を払うか。これを決められるのは店長だけです。

店長自身が、**頑張ってくれる人をしっかり評価する権限を行使することで、協力的なスタッフを増やすことができる**わけです。

あるショップでは、忙しかった店長に代わり、ベテラン女性パートさんがスタッフのシフトを組んでいました。それも、自分に都合の良いシフトです。自分と一緒のシフトに入れるのは、自分が使いやすいスタッフ、仲の良いスタッフで、出勤日数にもスタッフによって偏《かたよ》りがありました。

新しく配属された店長はこのやり方に疑問を持ち、すべてのシフトを自分で組むようにしました。最初はそのパートさんから文句を言われましたが、シフトを組むのは店長の権限であることをきちんと説明し、最後は納得してもらうことができました。

決してやってはいけないのは、スタッフに迎合《げいごう》して甘い評価をすることです。これは店長の首を絞《し》める結果となります。

⦿情報とネットワークで判断力を身につける

自信がないと適切な判断や意思決定ができず、優柔不断な様子を部下に見せてしまうことになります。そうなると、部下に対するリーダーシップにマイナスの影響が出てしまいます。

先頭に立って行動するのが苦手な要因の1つは、判断に対する自信のなさです。

では、どうすれば判断力が身につくのか？　これが、取り組んでもらいたいことの3つ目です。

「判断力＝知識×経験」だと考えられます。

まずは、物事を判断するために必要な知識を持っていること。困ったときには知識が背中を押してくれます。そして、成功したにしろ失敗したにしろ、判断を下した経験が過去にあること。これらが揃《そろ》うと、自信を持って判断することができます。残念ながら、店長になって間もない人はこれらを持ち合わせていないことが多いのですが、大丈夫です。

足りない知識は補えばいいのです。そのためには大量のインプットが必要です。普段からマネジメントに必要な知識を、書籍やインターネット、業界誌や新聞などから収集し、蓄えておきましょう。

経験については、若い店長だと、どうしても不足します。そこで必要なのが、ネットワークです。平たく言うと、経験した人の話を聞ける人脈です。**社内の上司、先輩、同僚と良好な関係を築き、経験談を聞かせてもらえばいい**のです。

それに、世の中にはあなたと同じように判断に悩んだ人の事例が無数にあります。書籍やインターネットで、同じ判断を求められた人の情報を収集しましょう。そして、適切な判断に活かしてください。

判断力は決断力ではありません。より間違いの少ない、成功確率の高いほう、正しいほうを選択する力です。マネジメントはギャンブルではありません。

時には、判断の結果が望んでいた結果と違うこともあります。でも、それでいいのです。**より成功確率の高い選択ができるよう、判断力を磨いていきましょう。それが必ず自信につながります。**

⦿膨大な作業量が自信を生んだ

ここで1つ、自信をつけたことで「できる店長」に変わった実例をご紹介しましょう。

ある結婚式場の店長になったAさんは、成約率が上がらず悩んでいました。お客様の来店はあるのに、最後のクロージングで自信が持てず、なかなか成約につながらない。個人成績ではスタッフにも劣ってしまう状態でした。

そこで私はAさんに、地域の結婚式場のプラン（価格・料理内容・衣装・引き出物など）を調べ上げ、比較表を作るように指示しました。また、ブライダル情報誌もくまなくチェックし、他社のサービスもチェックするよう指示しました。

膨大な作業量でしたが、Aさんは情熱を持って取り組み、素晴らしい比較表ができました。

その後は、お客様に対して自社の強みをしっかりアピールできるようになっただけでなく、お客様のニーズに最も適合する他社のサービスまで提案するようにしました。

すると、お客様から、

「他社をお勧めするなんて信じられない。本当に私たちの門出が素敵になるように考えてくれているんですね。そんなあなたに大事な結婚式をお任せしたい」

と言われるようになり、あっという間に全国でもトップクラスの成績を収めるようになりました。

そんな店長を見ていたスタッフたちの認識も、「成約率の低い店長」から「お客様に寄り添った提案ができる素晴らしい店長」へと変わりました。

店長が整理した他社との比較表をもとに、スタッフたちの成約率もぐんぐん上がり、尊敬される店長になりました。

これは、素直に膨大な作業量の仕事に取り組み、チャレンジした成果ですね。

Point

判断力を磨いて自信をつけよう!

04 怒りっぽくて避けられがちでも「できる店長」になれる

生産性の低い不器用なスタッフや非協力的なスタッフにいつもイライラ。そのため、周囲には反発するか迎合するスタッフしかいなくなり、定着率も低下の一途……。そんな店長でも、「できる店長」に変わることができる。

⦿店長のイライラが店舗運営をおかしくする

サービス業で働く40代男性店長は、技術職として多くのお客様から支持され、個人売上も上々で、中途社員ながら早々に店長に抜擢《ばってき》されました。

ところが、意気揚々《いきようよう》と着任したものの、部下とうまくいかず、怒ってばかり……。もともと体育会系出身で、厳しい修業を経て技術職になったため、技術職のあり方については持論がありました。それゆえ、男性店長の目には「部下の意識や技術は未熟としか言いようがない」と映《うつ》り、「ろくなスタッフがいない」というのが口癖に……。

職場はいつもピリピリ状態で、部下を叱る様子を見たお客様から苦情をいただくこともしばしばです。

仕事でのイライラは家庭に持ち帰ることになり、夫婦喧嘩も増えてしまいました。「なぜ自分ばかりこんな目に遭《あ》うのか?」「真剣に仕事に取り組んでいるだけなのに誰もわかってくれない」と、男性店長の悩みは深まります。

当然、お店の成績は上がらず、しまいには部下から本社へパワハラの訴えがありました。その結果、降格の対象であることを上司から聞かされ、彼は初めて「自分の価値観だけで仕事をしていた」と、課題に気づいたのです。


この店長のように、気性が荒く、怒りっぽい性格の店長、いますよね。

お気づきの通り、店舗運営がうまくいかない原因は、店長にあります。

店長が自分自身の問題に気づき、改善することで、劇的に状況が変わります。

◉「笑顔でハイタッチ」をルール化

朝起きたとき、気分が晴れやかですか?

寝る前、充実感に満たされ、ぐっすり眠れていますか?

残念ながら、怒りっぽい店長の多くは、この質問に対して「NO」と答えます。

なぜ、「NO」なのか。それは、笑顔をもらっていない、笑顔を与えていないいため、心の充足感が足りないのです。

美味しいものをたくさん食べると幸福感を得られます。逆に、空腹で、美味しくないものを少ししか食べられないと、幸福感が得られません。それと同じです。

そこで、仕事の始めと終わりに笑顔を交換する仕組みを作りましょう。

難しいことではありません。私がお勧めしているのは「ハイタッチルール」です。

ハイタッチはしかめっ面ではやりづらいので、自然と笑顔になれます。

出勤時に「おはよう」と、相手の顔を見ながら「ハイタッチ」。帰り際に「お疲れ様でした」と、相手の顔を見ながら「ハイタッチ」。これだけで少し笑顔が増えます。

何事も始めと終わりが肝心です。笑顔で「おはよう」と言えば、相手も気分が良いし、自分も気分が良い。仕事中に厳しく叱っても、帰り際に笑顔で「お疲れ様」と言えば、「明日も頑張ろう」と思ってもらえるし、自分も気分が良いものです。

ハイタッチルールは、全員と漏れなく実施することがとても重要です。1人に1日2秒あれば十分です。

ちなみに、私の家では家族とのハイタッチルールを10年以上続けています。寝不足で朝早く出かけるときや、疲れて帰ってきたのにまだ仕事が残っていたりすると、ついしかめっ面になってしまいます。子どもたちも思春期に入り、親との会話を避けたいときもあるようですが、ハイタッチがあることで、一瞬、笑顔が交換でき、そこから会話に発展することもあります。

笑顔はコミュニケーションと活力を生み出します。簡単にできますから、すぐに実践してみてください。きっと気持ち良く起きられるし、よく寝られるようになると思います。

◉「イライラポイント」「ニコニコポイント」で多面評価

店長のイライラや怒りはお店の雰囲気を悪くし、マイナスしかありません。しかし、ただでさえ、**部下を評価する立場の店長には、部下は何も言ってくれません。**怒りっぽい店長には、なおさらです。

そこで、「多面評価」の出番です。

多面評価とは、いろいろな人がさまざまな角度から、お互いを評価し合う仕組みです。

部下が上司の評価をしたり、他部署の人同士が評価し合ったりして、複合的に評価をします。お店の場合は、「部下から見て店長はどうなのか」を評価します。当然、店長も部下を評価します。

とはいえ、部下が上司にネガティブな評価はしづらいものですから、匿名で誰がどんなシーンでイライラしていたか「イライラポイントカード」に記入してもらい、日々、投書してもらいます。逆に、笑顔で接していた場合も、ニコニコのシーンと理由を「ニコニコポイントカード」に書いてもらい、投書してもらいます。

集まったイライラポイントとニコニコポイントは集計して、評価につなげたり、インセンティブ（商品や報奨金）にしたり、店内イベントで表彰したり、店舗ミーティングで取り上げたりします。

この仕組みによって、店長が自分のイライラに気づけるだけでなく、ニコニコポイントをもらうことがモチベーションにもなります。

批判する仕組みではなく、皆で盛り上がる仕組みにすることがポイントです。

イライラポイントが溜まった店長は素直にスタッフに謝り、「気をつける」と宣言してください。その意識がイライラを減らします。

⦿自分が怒っている声をボイスレコーダーで録音する

「自分ではそんなにキツく言ったつもりはない」

「そんなひどいことを言った覚えはない」

部下から避けられている怒りっぽい店長は、口を揃えてそう言います。

しかし、他人がイライラして怒っているのを耳にすると、「そんなにキツく言わなくてもいいんじゃない？」「ひどい言い草だな」なんて客観的に思ったりするものです。

そこで、**自分がどんなふうに怒っているのか、ボイスレコーダーを常備して録音してみてください。**冷静に聞くと、「キツい言い方をしているな」「ちょっと言いすぎたな」といった気づきがあります。

また、同僚や上司に聞かせてみて、どんな感想を持つか尋ねてみましょう。きっと反省すべき点が見えてくるはずです。

Point

自分がイライラしていることを自覚しよう!

05

お客様対応で緊張してしまっても「できる店長」になれる

売り場作りやPOP作成、発注管理やシフト作成といった事務処理が得意で、裏方としての貢献を評価されて店長になったものの、接客は苦手……。そんな人でも、「できる店長」になることはできる。

◉店長はプレイヤーではない

店長はプレイヤーではなくマネージャーです。接客が得意でない店長でもマネジメントはできます。必ずしも、店長がスペシャルな接客をできなければならないわけではないのです。

お客様に不快な印象を抱かせるスタッフが1人もいない状態を作るのがマネジメントです。接客が得意なスタッフにお客様対応を任せる。接客が苦手なスタッフにはバックヤードや事務作業をお願いする。店長はそれらを管理監督できればいい。

とはいえ、最低限の接客応対ができなければ部下の支持は得られません。苦手でも

「さすが店長！」と言われるような応対ができるよう、仕組みでカバーしましょう。

⦿「気配りマニュアル」で笑顔がなくても好印象に

時々、お客様から「気が利かない」「愛想がない」とご指摘を受けてしまい、部下の手前、接客について指導がしづらくなる店長がいます。すべての店長が気配り上手でとても愛想が良いとは限りませんが、かと言って、お客様に指摘されているようでは店長として失格です。

「気遣い」を「センス」に任せると得意・不得意が出てしまいます。そこで、どんな人でも気が利くサービスができるルールを作りましょう。それが、「気配りマニュアル」です。

これは、**気配りができているスタッフが普段から自然にやっていて、お客様から喜ばれる行動を、マニュアル化**したものです。つまり、「そのシーンに遭遇したらこうしてください」というルールです。

例えば、荷物を両手に抱えていたり、お子さんを抱っこしたりしているお客様がご来店されたら、「ドアを開けて差し上げましょう」という気配りや、店内で寒い素振りを見せたお客様を見かけたら、「空調を少し上げますね」「寒くない席に変更いたしましょうか」と提案するなど、具体的なシーンを設定して、応対をルール化します。

このルールに沿って応対することで、お客様に「気が利く店員さんだな」と思われるようになります。笑顔が苦手な店長でも、気の利くサービスで好印象を与えることができるでしょう。

スタッフの行動以外にも、過去にお客様からいただいた、感謝の旨《むね》が書かれているアンケートやメールなども整理して、マニュアルを作成していきましょう。

⦿お客様の好みを一番知っている人になる

直接店長が接客せずとも、**スタッフに素晴らしいパスを出し、お店を好きになってもらう**ことは可能です。

例えば、お客様の好み、前回来店日、過去の購入履歴・傾向、家族構成、記念日など、お客様のお役に立てる情報を把握していることで、お客様にベストな提案や新しい発見を提案することができます。

大事なお客様の情報を誰よりも把握し、スタッフに素晴らしいパスを出せる店長は、自身が接客できること以上にプラスの影響を周囲に与えます。お客様からの感謝だけでなくスタッフからの信頼も集まるのは間違いありません。

⊙手紙でファンを増やす

普段の接客応対では笑顔が出づらかったり、気の利いたことを言えなかったりしたとしても、**ご購入後の定期的なご連絡（お便り）でお客様に好感を持ってもらえます。**

例えば、商品購入後、すぐに、お手入れの方法や交換の時期、美味しい食べ方や便利な使用法など、お客様が他では知り得ないグッドな情報を、一筆添えた手紙とともに送ったり、ご購入いただいたアイテムと組み合わせが良い服の提案メールを送ったりする。ご希望されたアイテムが見つからず、後日納入されたときに、素早いご連絡を差し上げるのもいいでしょう。

このように、店頭にお客様がいらっしゃらなくても、ファンを作ることはできます。面と向かった接客が苦手でも、こうした方法なら時間をかけて準備もできます。

お客様への想いを、心を込めて文章にしてみましょう。

Point

笑顔で接客する以外にも、お客様に好かれる方法はある!

06 目立ちたがり屋でプレイヤー思考でも「できる店長」になれる

接客が得意で、店長になっても接客メインで仕事をしようとする人がいるが、これは間違い。スタープレイヤーではなく「スタープレイヤー製造機」になることで、「できる店長」になれる。

⦿店長になったらステージの上から降りる

もともと接客販売のスペシャリストで、その実績が認められて店長になった方も多いと思います。

しかし、店長はスタープレイヤーではなくマネージャーです。活躍できる部下を育成することが重要な役割です。会社としても、接客販売のスペシャリストを育成してほしいという想いが強いと思います。

店長が接客販売を一生懸命やったところで、それは1人です。10人の販売スタッフには勝てません。店長は、自分の販売力を移植して、優れたスタッフを育てることに集中しなければなりません。

店長になったら、ステージに立って脚光を浴びることから卒業しましょう。ステージを作り、役者を育てる、演出家や監督になることが店長には求められます。あなたの指導を受けた弟子たちが、あなたの接客技術を引き継ぎ、広げてくれます。それがあなたの功績なのです。

⦿自分と同じように販売できるスタッフを育てる

店舗のスタッフ数人を、あなたの後継者として指名してください。あなたと同様に、もともと接客が得意なスタッフがいいでしょう。

そして、**あなたの接客スキルをそのスタッフたちに指導し、あなたと同じように接客販売できる人を増やしてください。**あなたと同等の力を持ったスタッフが、お店の売上を大きくしてくれます。

その結果が、店長としてのあなたの評価になります。

あなたの部下になると接客販売のスキルが飛躍的に伸びる。そして、売上がどんどん増えていく。

そうなると、あなたはお店の中だけでなく、会社の中でも一目置《いちもく》かれる存在になることでしょう。

自分のお店のスタッフをどんどんスタープレイヤーとして育てていきましょう。

どちらがお店にとって、会社にとって、お客様にとって価値があるのかは明白です。

プレイヤーと「スタープレイヤー製造機」。

⦿「アシスト売上」を公開する

あなたはどのスタッフよりもお客様の様子が見えており、セールスのチャンスを見逃さないと思います。

しかし、店長であるあなたが接客に入ってしまうとお店の司令塔が不在になり、別の問題が発生します。

そこで、**お客様へのベストなタイミングでのアプローチ、提案、次回来店の促《うなが》しといったことを、あなたの素晴らしいアシストで、スタッフたちにさせてください。**

そして、その日に自分が関わった売上がいくらになったか集計してみてください。きっと、1人で接客販売をしていたときの個人売上より、はるかに大きな金額になっていると思います。

さらに、スタッフの個人売上と店長の「アシスト売上」を公開しましょう。店長がお店にどれだけ貢献しているかがリアルに把握でき、部下の尊敬も販売員時代より高まるでしょう。そして、**店長はアシストに貢献した自分自身を褒めてあげてください。**

会社に対しても、店長としてどのように成績を上げているか、部下にどのように成績を上げさせているか、アシスト売上を使って説明してください。スタッフだけでなく、会社からも、あなたの取り組みを高く評価してもらえるでしょう。

Point
接客が得意なら、部下をスタープレイヤーに育てよう!

07

スタッフから友達のように思われても「できる店長」になれる

年齢が近いスタッフが多いと、話がしやすく、店舗運営がしやすい面がある。仲が良いのはお店の雰囲気にも影響するので良いことだが、親しくなりすぎて厳しく注意しづらくなることも……。それでも、「できる店長」にはなれる。

⦿ルールの明確化とペナルティの全員厳守

年齢が近いスタッフが多いと、つい友達のような関係になりがちです。関心事や趣味などが一致したりすると、なおさら友達のような感じになってしまいます。仲良くなりすぎると厳しい対応がしづらくなるものです。

しかし、仕事中はあくまでも店長と部下。一線を引く必要があります。

そこで、**好き・嫌いではなく、お店や会社のルールとして、甘くすることができないことを理解してもらう**ことが重要です。

例えば、遅刻を繰り返すスタッフに厳しいことが言いづらいとしても、「月2回以上の遅刻で次月のシフトを20％減らす」というルールが決まっていれば、あくまでもルールに則《のっと》った判断ですから、人間関係にヒビが入ることはありません。

ポイントは、スタッフだけでなく、**店長や社員もルールを厳守し、ルールを犯したときは同じようにペナルティを受ける**ことです。

◉ルール違反がないことを評価する

ルール違反がないことは当たり前なのですが、**ルール違反を罰するより、ルールを守っていることを評価するほうが効果的**です。

「連続○○ヶ月、ルール違反がありません、素晴らしい！」といった具合に認めてあげることで、ルールを守ることの価値が上がります。

店長としても、ルール違反を指摘するより、評価するほうが、気分が楽です。

表彰制度などと関連づけるのもいいでしょう。会社の制度にせずとも、店長が朝礼で褒めるだけでも効果があります。

◉「叱る」ではなく「悲しむ」ほうが効果がある

とはいえ、時にはルール違反を厳しく叱ることも必要です。

同世代で親しくなった部下を厳しく叱ることは難しいものですが、実は、叱るより「悲しむ」ほうが、相手に反省を促すことができます。

一方的に叱ると、相手も「事情も知らないで」「私だけじゃない」「そんなルール知らなかった」など、いろいろと言い訳を考えます。

しかし、犯したルール違反で店長が悲しむとどうでしょう?

部下はとても申し訳ない気持ちでいっぱいになります。

つまり、叱るより悲しむほうが、効果があるのです。

思春期の子どもを「べき論」で厳しく叱ると反発し、親を避けるようになります。しかし、子どもがやったことに対して責任を感じた親が泣くと、子どもは深く反省します。

その心理と同じです。

あるお店の店長は、自分が不在時に発生したお客様からの接客応対に関する苦情を聞き、「お客様にこんな失礼な態度をうちのスタッフがとったとは大変申し訳なく、悲しい」と、朝礼で話しながら泣いてしまいました。

その後、スタッフは接客応対で失礼のないよう、皆で連携してお客様満足の向上に努めました。結果、そのお店は覆面調査で社内ナンバー1に選ばれるまでになったのです。

普段から口うるさくせず、**親しく接してくれる店長を悲しませることは、スタッフも心苦しいもの**です。

厳しく叱ることができない店長は、「こういうことをされて悲しかった」「ルール違反を繰り返されるのは悲しい」などと、スタッフに語りかけてみてください。

Point

ルール違反は叱るよりも悲しみを伝えよう。

08
計画を立てることが苦手でも「できる店長」になれる

長期の計画を立てることが苦手で目先のことに集中してしまい、期日をなかなか守れなかったり、期限ギリギリで慌てて手抜きの仕事をしてしまい、上司に大目玉を食らったり……。そんな人でも「できる店長」に変われる。

⊙手帳を使うだけでもスケジュール管理がうまくなる

皆さん、手帳は携帯していますか？

最も簡単なスケジュール管理は手帳の活用です。いつまでに何をやっておかなければならないか、手帳に記入するだけでＯＫです。

毎日、就業前に手帳を確認し、今日やるべきことをチェックしましょう。

また、今週の発注予定、会議資料の提出期日、面談予定、あらかじめ調べておくことなど、やるべきことを、期日から逆算して、手帳にどんどん書いていきましょう。

手帳によるスケジュール管理の例

日曜日	月曜日	火曜日	水曜日	木曜日	金曜日	土曜日
5月31日	6月1日	6月2日	6月3日	6月4日	6月5日	6月6日
□棚卸し □月次帳票印刷 □月次資料送付 □クレジット締め作業 □週次作成	□店長会議資料作成 □シフト希望収集 □週次発注	□スタッフ面談（Aさん） □外部セミナー参加 □セミナー報告書	□店舗改善書作成 □月次清掃（空調）	休	□PL確認	□店長会議資料共有
6月7日	6月8日	6月9日	6月10日	6月11日	6月12日	6月13日
□店長会議資料提出 □週次作成	□週次発注	□シフト希望締め切り □スタッフ面談（Bさん） □スタッフBさん誕生日	■店長会議	休	□店舗MTG資料作成	
6月14日	6月15日	6月16日	6月17日	6月18日	6月19日	6月20日
□週次作成	□シフト発表 □競合店リサーチ □リサーチ報告書 □週次発注	□スタッフ面談（Cさん） □店舗ミーティング	□スタッフ面談（Dさん） □月次清掃（倉庫）	休	休	
6月21日	6月22日	6月23日	6月24日	6月25日	6月26日	6月27日
□週次作成	□週次発注 ■社内PT参加 □社内PT議事録	休	■テナント会議 □テナント会議共有	□テナント会議報告 □スタッフSさん誕生日	休	
6月28日	6月29日	6月30日				
□週次作成	□週次発注	□棚卸し □月次帳票印刷 □月次資料送付 □クレジット締め作業				

手帳への記入は絶対に後回しにせず、すぐに書き込むことが大事です。後で書こうと思っていると、忘れてしまいます。
すぐに取り出せるように持ち歩いて、必要なことをすぐに書き込む癖をつけましょう。

手帳でのスケジュール管理に苦手意識のある方は、カレンダーに直接書き込んでもいいですし、スマホやタブレットのスケジュール機能を使用してもいいでしょう。
私の場合は、気分が高まる、見た目のカッコ良い手帳と、書きやすいペンを用意することで、手帳を開くモチベーションにしています。

◉フォーマット（ガントチャート）を活用する

準備に長期間（1ヶ月以上）を要する案件については、手帳を開いたページにガントチャートを作成し、毎日見られるようにしておきます。

ガントチャートとは、プロジェクトのタスク管理ツールです。いつまでに、誰が何をやらなければならないか、カレンダーに棒グラフを書き込み、漏れなく、遅れなくするためのツールです。

⊙個人ではなく組織で計画を共有する

カレンダーやガントチャートは、個人で管理するだけでなく、お店で働くスタッフがいつでも見える場所に掲示しておくことで、全員がスケジュールについて意識を持つことができます。

期日が間近なタスクについては、声を掛け合い、遅れている内容をフォローし合いましょう。

計画を立てるのが苦手な店長は、**スタッフを巻き込んで計画を立て、ガントチャートに展開して、皆で共有する**ようにしてください。

Point

お店の全員でスケジュール管理をする意識を持とう！

09

お店の中で一番若くて経験がなくても「できる店長」になれる

若くして店長になり、マネジメントに苦労している人たちからの相談は特に多い。若くても経験が足りなくても不安になることはない。必ずスタッフから信頼を得られる「できる店長」になることはできる。

⦿店長にとって「若さ」はデメリットか？

店舗ビジネス業界の特徴であり、この業界で働く社員のメリットの1つとして、若くして店長になれること、経験が浅くとも責任ある仕事を任されることが挙げられると思います。

その反面、若くして店長になったことで、年上で経験豊かなスタッフが部下になり、マネジメントで苦労することは多々あります。

若さは店長にとってデメリットでしょうか？

経験不足は大きなビハインドでしょうか?

そんなことはありません。若さはパワーであり、失敗してもやり直しができる時間が十分あります。**経験不足は、先入観や固定概念を打ち破るイノベーションに変わります。**若くて、経験が不足していても、それを補う強みがたくさんあります。

若さや経験不足を強みと捉えることができる店長を目指してください。

◉所信表明で協力を取りつける

若くして店長になると、どうしてもリーダーシップがとりづらいので、ポジションパワーを使ってスタッフに高圧的になってしまう人がいます。あるいは、自分の有能さを示したくて、今までのやり方を大きく変えて成果を誇示しようとする人も珍しくありません。

そんな若い店長を見たベテランスタッフたちは、どう思うでしょう?

「若いくせに生意気だ」「たいして仕事ができないくせに、社員だから店長になれたに違いない」「あまり協力したくないな」……。そういったマイナスな気持ちにさせてしまうかもしれません。

まずは店長としての経験不足を認めたうえで、理想を語り、スタッフたちの協力を取りつけましょう。店長として就任早々の挨拶で、所信表明をするのです。

「店長としてこんなお店を作りたい！」

「そのためにこのような取り組みに注力したい」

「だから未熟な私を支えてほしい」

「皆さんの協力が必要なんです」

こんなふうに、**自分の考える目標、スタッフへの協力のお願いを最初に伝えます。**

若さがあるからこそ、気恥ずかしい理想を堂々と掲げることも臆《おく》さずできます。そして、そんな理想を誰も笑いません。

店長は自信を持って所信表明をして、スタッフたちの協力を求めましょう。

希望に燃えた店長は輝いて見えるものです。

◉体力と元気は信頼に変わる

店長になりたてのときは、ベテランの店長と違い、問題にぶつかるたびに解決に時間がかかります。そもそも問題に気づかない場合もありますし、間違った判断をすることも多々あるでしょう。

しかし、落ち込む必要はありません。それを補うだけの行動で周囲を味方につけてください。失敗しながらも、誠実に仕事に打ち込む姿には、スタッフの胸を打ち、協力したいと思わせるだけの力があります。

必要なのは、効率良く成果を上げられるようになるまで、**遠回りをしても、泥臭い仕事ぶりでも、元気に前向きに仕事に臨むこと**です。

そのためにも、体調管理、体力向上は必要です。普段から食事や睡眠に気をつけて、運動をし、強い身体と精神を手に入れましょう。

はじめはパワーで乗り切れると思います。明るく元気にやっていきましょう。

◉誰よりもスタッフに対する気遣いを

周囲の協力を得るには、周囲の人たちに対する感謝や敬意が必要です。

「皆さんの協力のもと、店長でいられる」

「皆さんの強みが私を支えてくれている」

そういう姿勢を言葉や態度で示しましょう。

そのためにはスタッフ一人ひとりの仕事ぶり、得意な仕事、人柄をよく知り、そのうえで、感謝や尊敬の言葉を伝えていくことです。

「ありがとうございます」「助かります」「すごいですね、さすがです」「勉強になります」といった**素直な感謝や敬意は、受け取った人の心を幸福感で満たす**はずです。


さらに、言葉だけでなく、行動でも示しましょう。

例えば、重い荷物を持ったスタッフがいたら「手伝います」と言って運搬を手伝う、就業時間ギリギリまで仕事が終わっていないスタッフがいたら「時間大丈夫ですか？代わりますよ」と声を掛ける、といったことです。

こういった姿勢はベテランスタッフの心に響き、協力を引き出します。

これも、若い店長だからこそ、素直に恥ずかしがらずにできることです。

Point

若い店長は「自分に協力してほしい」と所信表明をしよう！

第2章

「人が辞めず定着する」仕組み

01 まずは、何人体制がベストなのかを知っておく

第2章では、「できる店長」になるための土台である、人を定着させる仕組みについて解説する。仕組みを活かして、定着率を上げよう。

⊙そのシフトに根拠はあるか？

なかなか人が定着しないお店では、店長が人手不足を補うためにオペレーションに参加することになります。

店長は本来、マネージャーの立場で仕事をするべきです。現場のオペレーションに参加すると、1プレイヤーとしての生産性しか生み出せません。さらに、店舗の司令塔が不在になるので、店舗運営が混乱してしまいます。

そのような事態を招かないためにも、最適な人数による適切な店舗運営が、店長には求められます。

そもそも、皆さんのお店は、何人体制で運営するのがベストですか？

当然、曜日や月によっても忙しさが違いますので、その都度《つど》、店長がシフトを作成していることと思います。しかし、そのシフト、どんな根拠がありますか？

まずは、何人体制で臨むべきか、要員計画が必要です。

要員計画は経営と運営の両面から考える必要があります。経営面から見れば人件費はできるだけ少なくしたいし、運営面から見れば従業員の負担を減らしてお客様に手厚い対応ができるように人件費をなるべくかけたい。このバランスを取るためには、基準と計画が必要です。

⦿使える人件費を把握する

お店を維持するためには、当然、利益が必要になります。赤字状態ではお店を続けていくことができません。

皆さんのお店の収益モデルはどうなっているでしょうか？

売上に対する売上原価の割合、人件費の割合は、基準として明示されているでしょうか？

お店にかかる経費は売上原価と人件費が大部分を占めます。

特に**人件費は店長のコントロールで大きく変わる経費ですので、使いすぎに注意しなければ、お店は赤字の危機にさらされてしまいます。**売上に対して○％（人件費率）、粗利益に対して○％（労働分配率）などの設定が必要です。

考え方としては、売上を上げるために絶対に必要な売上原価をどのくらいに設定しているかによって、使える人件費が決まってきます。

例えば、売上に対して10％の営業利益を確保したい、しなければならない、という場合、売上原価を30％（変動費）と設定し、家賃１５０万円（固定費）、水光熱費５％（変動費）、リース・減価償却費70万円（固定費）、消耗品その他に５％（変動費）、経理や総務などの本部費に80万円（固定費）がかかるとします。

売上高が月１０００万円なら、左ページの表の左側のようになります。するとと、使える人件費は最大20％（変動費）です。

売上が変わると人件費率も変えなければならない

科目	単位：万円	構成比%
売上	1,000	100%
売上原価	300	30.0%
家賃	150	15.0%
水光熱費	50	5.0%
消耗品その他	50	5.0%
リース・減価償却	70	7.0%
本部費（経理・総務）	80	8.0%
人件費	200	20.0%
経費合計	900	90.0%
営業利益	100	10.0%

科目	単位：万円	構成比%
売上	900	100%
売上原価	270	30.0%
家賃	150	16.7%
水光熱費	45	5.0%
消耗品その他	45	5.0%
リース・減価償却	70	7.8%
本部費（経理・総務）	80	8.9%
人件費	150	16.7%
経費合計	810	90.0%
営業利益	90	10.0%

⊙売上が伸び悩むと、人件費率を減らすことに

このお店の社員が2名体制（店長・副店長）で、社員の給与総額が月80万円の場合、アルバイトに使える人件費は、200万円－80万円で、最大120万円となります。月に12万円支払うアルバイトであれば10人を配置できますし、月に8万円支払うアルバイトであれば15人を配置することができます。

逆に言うと、それ以上の人数を配置することはできないということになります。

売上が予定通り1000万円上がればいいですが、伸び悩み、900万円だった場合は、どうなるでしょうか？（前ページの表の右側を参照）

この場合、売上が1000万円のときと同じく、人件費に200万円を使うと、営業利益率が10％を下回ってしまいます。

では、人件費率が20％以内ということだったので、900万円×20％の180万円までは使えるかと言えば、それも違います。

家賃や減価償却費などが固定費で、減らすことができないため、コントロールできる

人件費でカバーしなければならないからです。

最終的に10％の営業利益を確保するためには、人件費を150万円（16・7％）までに抑えなければなりません。

店長は、売上の見込みを立て、計画内に人件費を収めつつ、利益予算を達成しなければなりません。ですから、売上の見込みをシビアに立てる必要があるのです。

そこで店長がやるべきことは、**売上の最大化により人件費に余裕を持たせる**こと。

そして、少人数でもスタッフに負担がかからないように業務のスリム化を行うことです。少しでも作業負担を減らす工夫が求められます。

その方法は、次の項目でご説明しましょう。

Point

まずは使える人件費がいくらで、何人配置できるのか把握しよう！

02 業務のスリム化でスタッフの負担を軽減する

スタッフに過剰な仕事をさせていると離職率が高まる。スタッフの負担を減らすために、店舗作業のスリム化と効率アップを進めよう。

⦿まずやるべき3つのポイント

店舗の作業をスリム化するために店長がやるべきことは、次の3点です。

①時間帯ごとの作業の棚卸《たなおろ》し

時間帯ごとにどんな作業をしているか洗い出しをして、時間帯に適していない作業があれば、時間帯を変更します。例えば、忙しい時間帯に届く納品と検品を、到着時間を変えて、客足が落ち着いている時間にしてもらう、といったことです。

②作業の組み替え・統合

作業を組み合わせることで効率化が図れることを探し、作業をあわせて行うように工夫します。例えば、商品の検収と在庫チェックを同時にする、などです。

③作業の廃止

これまで行っていた作業を廃止することで、時間的な余裕を見つけることもできます。例えば、今まで慣習的に日に何度も実施していたレジの中間チェック業務などが考えられます。作業を外注することで、廃止することも可能です。店舗で行っていた野菜のカット作業、カタログの封入作業などは、外注することが考えられます。

このように、細かい作業の見直しで時間に余裕を持たせ、スタッフに過度な負担をかけないようにすることが重要です。

⊙スタッフの得意なことを活かす

さらなる作業効率アップのために、スタッフの得意を活かしましょう。

手先が器用、パソコンが得意、ＰＯＰ作りが得意、段取りが得意など、**スタッフの得意な作業を割り当てることで、効率良く作業を進めることができます。**そのためには、店長はそれぞれのスタッフの得意業務を把握しておく必要があります。

全員が同じ作業をしなければいけないわけではありません。得意な作業を積極的にやらせるようにしましょう。スタッフも、得意なことを任せられたほうが、やる気を持って取り組んでくれるはずです。

それぞれのスタッフが効率良く作業を進めることで、お店全体の効率がアップします。**効率の良い作業の進め方をマニュアル化しておく**ことも効果的です。「この作業はこの手順で行う」とわかれば、誰でもその作業を進められます。苦手な作業でも、マニュアルがあればスムーズに行えるようになるでしょう。

⊙「人時売上高」で現場の負担を見極める

作業については、当然、生産性の目安も必要です。そこで使用するのが「人時売上高《にんじうりあげだか》」です。スタッフ1人が1時間あたりに稼ぐ売上のことです（人時売上高＝売上高÷総労働時間）。

例えば、人時売上高の目標が1万円の場合、スタッフ1人が1時間あたりに稼がなければならない売上は1万円です。2人いれば2万円、2人で合計16時間働いたのなら16万円の売上が必要だということです。社員やアルバイトの給与は人によってそれぞれですので、時間で計算することで目安がつけやすくなります。

売上高月１０００万円、人時売上高目標１万円の場合、使用可能な総労働時間は月１０００時間です。社員２名体制で、その２人の労働時間の合計が月３５０時間の場合、アルバイトに使える労働時間は月６５０時間（１０００時間－３５０時間）となります。また、アルバイトを１人増やし、１日６時間働いてもらった場合は、１日の売上が６万円以上向上することが見込めなければなりません。

逆に、人時売上高が１万５０００円に到達するようであれば、現場に過度な負担がかかっていることが想像できます。

このように、店長は業務の効率化を図りつつ、人時売上高で適正を見定める必要があります。**人時売上高は低いのもダメ、高すぎるのもダメ**だということを認識しておいてください。過度な負担は早期離職の要因になります。

Point

業務のスリム化を図り、人時売上高で負担をチェック！

03

毎週10分、スタッフ全員と面談する

店長の大切な業務に、スタッフとのコミュニケーションがある。日頃からコミュニケーションを重ね、「あなたのことを常に気にかけている」と伝えることが、スタッフたちがお店で働くことへの安心感につながる。

⊙短時間でも離職防止に効果的

「できる店長」はスタッフ一人ひとりをよく見ています。そして、話す頻度が高く、離職の傾向や要因を見逃しません。なぜなら、毎週のようにスタッフと密度の高い面談を実施しているからです。

「毎週毎週、面談なんか忙しくてやっていられないし、そんなに面談で話すこともない」といった反発の声をよく聞きます。しかし、実施している企業はたくさんあります。面談によって成果が出ているからです。

スタッフが気軽に上司に相談できる環境、上司に見守られている安心感を与える面談を、毎週10分程度でいいので、スタッフ全員と実施してください。お店のスタッフが10人いれば、1週間で合計100分。週5日出勤するとすれば、1日たったの20分です。スタッフの人数が多い場合は、副店長やメンターを任命して、その人が面談を実施してください。

話す内容は先週の振り返りと今週の目標の確認です。

〈面談内容〉

①先週の振り返り

・仕事でうまくいったこと、うまくいかなかったこと
・わからなかったこと、新しく覚えたこと
・嬉しかったこと、辛かったこと

②今週の目標

・先週うまくいかなかったことをどう克服するか

・新しくチャレンジする業務
・仕事上で意識すること

③その他
・最近関心のあること、趣味など
・その他、相談したいこと

毎週の10分間はあっという間です。

店長がすべきことは、**褒める点を1週間しっかり探しておき、それを本人に伝える**こと。この面談は、叱ったり、仕事の指示をしたり、査定をする場ではありません。あくまでも、スタッフが安心して働けるよう、苦手を克服し、仕事を楽しめるよう支援するための面談です。

この面談は、問題の早期発見、離職防止に対して大きな成果が期待できます。短い時間で構わないので、継続して実施しましょう。

⦿コーチングスキルを磨く

このように効果が期待できる面談ですが、店長の面談スキルも、当然、求められます。特に必要なのが、コーチングのスキルです。

コーチングは、多くの管理者や店長が習得している必須スキルです。まだ学んだことがないという方は、この機会にぜひ深く学んでいただきたいと思います。専門書がたくさん出ていますし、セミナーや資格認定講座なども数多く開催されていますので、詳しくは時間をかけて学んでほしいと思います。

学ぶ時間がないという方も、基本を押さえて実践することで成果を出すことが可能です。

本書ではポイントを絞《しぼ》ってお伝えしていきます。

①コーチングとは?

相手の考えを「質問」によって引き出し、整理し、自己決定を支援するコミュニケーションのスキル。平たく言うと、**「質問」のスキル**です。質問攻めにならないためにも、基本の考え方とスキルを押さえておく必要があります。

②コーチングの基本的な考え方

「人間には問題を解決する力、目標を達成する力が備わっている」と言われています。店長がスタッフの問題解決力や目標達成力を否定し、機会を与えないということは、決してやってはいけません。**相手の可能性を信じ、解決や達成へのプロセスに導く**ことが大事です。人が人の可能性を否定する権利などありません。

③コーチングの基本スキル

コーチングの基本スキルは、簡単に示すと次の3点です。

・傾聴（話をよく聞いてあげる。共感を示す）
・承認（否定せず受け取ってあげる）
・質問（「はい」か「いいえ」で答えられない質問をする。考えを引き出す質問に集中する）

この3点の繰り返しで相手の考えを引き出し、整理し、解決・達成への具体的な道筋を作ります。一方的に話す、相手の考えを否定する、選択を求めるなどといったことは避けましょう。

コーチングの進め方の事例

スタッフA： 店長、○○の業務が苦手でなかなかうまくできないんです。

店長（傾聴・承認）：うんうん、なるほどね。あの業務は思った以上に難しいからね、習得するまで時間がかかるのはよくわかるよ。私も苦労したからね。

店長（質問）：ところでAさんは、自己評価としては100点満点中、何点くらいできていると思う？

スタッフA： 50点くらいですかね。まだまだです。

店長（承認）：入社してそんなに時間はたってないのに50点は上出来だよ！私から見ると80点くらいまで到達しているように見えるよ。

店長（質問）：ちなみにあと50点上げるために一番改善したほうがいい点は何だと思う？

スタッフA： まずはマニュアルの手順をしっかり覚えなければならないですね。今はところどころ不安な部分がありますので。

店長（質問）：今まではどのくらいの時間をかけてマニュアルを覚えたかな？今後どれくらい時間をかければ全部覚えられそうかな？

スタッフA： これまで入社してから1週間ほど、シフトインから10分くらい、マニュアルを読む時間を合計1時間ほどとってもらっていました。今後はアイドルタイムに少しマニュアルを読む時間を設けて、今週中には覚えるようにします。

店長（承認・質問）：それはいいね。どのくらいの時間が必要かな？

スタッフA： あと1時間ほどいただければ完璧に覚えます。

店長（質問）：完璧に覚えたかどうか確認するには私はどんな手伝いをすればいいかな？

スタッフA： それではお手数ですが、来週テストしていただいてもいいですか？

店長（承認）：わかりました。それでは来週の木曜日に16時からテストしましょう。頑張ってください。何か質問があれば遠慮なく声を掛けてくださいね。期待していますよ。

スタッフA： ありがとうございます。頑張ります。

◉コーチングの具体的な進め方

前ページの【コーチングの進め方の事例】は、うまくできない業務について、どうすればできるようになるか、スタッフに対してコーチングを行う場合の事例です。どんなやり取りで進めているのか、読んでみてください。

いかがでしょうか？

この事例は簡単なものでしたが、このような流れでスタッフの問題解決を支援できる店長は少ないものです。多くの店長は、「なぜこんな簡単なことができないのか！」と怒ったり、「じゃあその仕事は他の人にやってもらうので、もうやらなくていいです」と諦めたり、「その業務はこうやってこうやればうまくいくよ。簡単でしょ」と具体的な指示を出さなかったりと、スタッフの成長を願っているコメントとは思えないことがほとんどです。当然、スタッフは成長しませんし、そんな店長に嫌気がさして、最悪の場合は退職まで考えてしまうでしょう。

◉日常的にコーチングを使って習慣化しよう

コーチングは、仕事以外でも日常的に活用し、習慣にすることが重要です。

例えば、お子さんの行動に対して頻繁に怒っていらっしゃる親御さんを見かけます。お子さんは何をするにしても怒られてばっかり。そんな状態が続くと、自信をなくしたり、思春期に激しく反抗したりします。

「早くお風呂に入りなさい」「宿題やったの？」「また100点とれてないじゃない」「何でできないの」といった言葉で、子どもは健《すこ》やかに育つでしょうか？

コーチングを用いると、「早くお風呂に入りなさい！」という言葉は「何時にお風呂入る？」という優しい質問に変わります。すると、「○時になったら入る」と返事がある。親は子どもに自分の意思で決めるチャンスを与える必要があるのです。

「何でできないの」も、「次、上手にやれるためにはどうしたらいいかな？　手伝えることはあるかな？」と声掛けを変えると、子どもは前向きに頑張れるものです。

親子関係も部下との関係と同じです。**可能性や成長を信じてコーチングをすることで、多くの問題は自分で解決できるようになります。**まずは学び、実践してください。

Point

コーチングスキルを使って、毎週の面談でスタッフと会話しよう。

04 スタッフ全員を褒める。スタッフ同士で褒め合う

スタッフを褒めることで、「期待に応えよう」と思ってもらえる。しかし、時間がなくてできていない、全員を褒められていない、という店長が多いだろう。スタッフ全員を承認する、褒める仕組みを作って実践しよう。

⦿スタッフの「承認の欲求」を満たす存在になる

人間には抗《あらが》えない欲求があります。アブラハム・マズローの「欲求5段階説」によると、欲求には5段階があり、低次元の欲求が満たされると高次元の欲求が高まるようになると言います。

最下層は「生理的欲求」です。食事、睡眠、排泄《はいせつ》など、生物としての欲求です。

次に、「安全の欲求」です。暑さ・寒さをしのぎたい、生命に関わる攻撃を受けない安全な環境で暮らしたい、という欲求です。

安全の欲求が満たされると、次に来るのは「所属の欲求」です。1人でいたくない、

誰かといたい、何かのコミュニティーに所属していたい、学校、職場、サークル、友人、家族などと一緒にいたい、皆と一緒でありたい、という欲求です。

所属の欲求の次は、「承認の欲求」です。尊敬されたい、愛されたい、必要とされたい、感謝されたい、私は特別な人間であることを認識したい、といった欲求です。

日本で暮らしている場合、「所属の欲求」までは比較的簡単に満たされるため、「承認の欲求」を猛烈に求めます。

この「認められたい」という欲求が満たされると、心が充実し、幸福感で満たされます。とても心地が良いので、脳は承認欲求を満たしてくれる人を「好きだ（Ｌｉｋｅ）」と認識します。

ですから、**承認してくれる人に対して、「期待に応《こた》えよう」という意識が働きます。**期待に応えると承認してくれるからです。

そして、また承認されると心地良い気分になるので、「また期待に応えよう」という循環になります。

この人間の欲求を理解すれば、店長がスタッフに対して行動を期待するなら、店長はスタッフの承認欲求を満たしてあげる存在になればいい、ということがわかります。

私自身、飲食店で店長をしていた時代に多くのアルバイトスタッフと関わってきましたが、特に活躍が目立つのは、学校や家庭で認められていない、いわゆる「やんちゃな子」たちでした。

彼らは学校では「不良」扱い、家庭では「家族の恥」といった扱いを受けていることが多く、普段、承認どころか否定されています。

しかし、アルバイト先に来れば仕事ぶりに応じてきちんと認められるし、褒められます。アルバイト先は人間としての承認欲求を満たしてくれる場所であり、大人がきちんと認めてくれる場所。だから、学校には真面目に行かなくとも、アルバイトには真面目に来てくれたのです。彼らの多くがアルバイトリーダーとして頼りになる存在になりました。

このように、**承認することで、スタッフの意欲を引き出し、良好な関係を築くことができます。**

特に、所属しているコミュニティー（店舗）のトップである店長から承認されることは、スタッフにとってはとても心地良い。

店長は積極的にスタッフの良いところを探し、伝えていきましょう。

◉1人1日最低2回、当たり前のことでも褒める

注意したいのが、褒める人が偏《かたよ》りがちになってしまうことです。

お店では仕事ぶりの優れたハイパフォーマーばかりが褒められ、そうでない人は褒められる機会が少なくなりがちです。そうなると、目立った働きはなくとも、日々、真面目に業務に取り組んでいるスタッフは、面白くないでしょう。

そうならないために、店長はスタッフ一人ひとりに対して承認する、褒めることを、日々、実践しなければなりません。**漏れなく全員を褒める**ためには、褒める仕組みを作ることが大事です。

私は店長時代から現在までずっと、スタッフ一人ひとりに毎月手紙を書いています。書いた手紙は給与明細に同封して渡します。

手紙には、この1ヶ月間で良かったこと、これから期待していることを書きます。

毎月書くためには、スタッフの仕事ぶりをちゃんと観察していなければなりません。褒められても嬉しくない、嘘の褒め言葉では、スタッフは騙《だま》されないものです。

ただ、月に1回の手紙では承認欲求を満たすには不十分です。頻繁に承認することで、スタッフたちは高いモチベーションを維持してくれます。

そのためには、ちょっとしたことでも見逃さず褒めること、感謝を伝えることが大事です。

スタッフが何かすごい成果を上げたときにだけ褒めるのではなく、**一見当たり前のことや簡単なことでも、うまく褒める**スキルを身につけましょう。

例えば、時間通りに出勤するのは仕事なので当たり前だと思いがちですが、「いつも時間通りに来てくれて本当に信頼できる。ありがとう」と伝えたり、出来栄《できば》えの良し悪しが出ない仕事でも、「いつも丁寧な仕事をしてくれてありがとう」と伝えたりするのでもいいでしょう。

1人1日最低2回は承認することをルールとしてください。

簡単なひと言でいいので、1回承認するのに1秒もあれば十分です。しっかり承認するのは、面談のときに時間を取ってやってください。

⦿「サンキューカード」で承認が飛び交う職場に

店長からだけでなく、スタッフ同士が褒め合う環境・仕組みもあるといいでしょう。お互いに承認し合う環境を作るには、「サンキューカード」や「グッジョブカード」という仕組みを導入することをお勧めします。

カードサイズのメモ帳に、日々のちょっとした感謝の気持ちを書き留め、相手に渡すだけの、とてもシンプルな仕組みです。もらった人もあげた人も気分が良いので、店舗内の良好な人間関係を構築するのに大きく貢献します。

サンキューカードやグッジョブカードの内容を、朝礼やミーティングなどで発表するのもいいでしょう。

承認が飛び交う職場には自分の居場所があると感じ、簡単に辞めたりしないものです。店舗内で積極的に「ありがとう」を交換しましょう。

Point

スタッフ全員を1日2回以上、褒めよう！

05

退職者にも定期的に連絡をする

お店を辞めるスタッフに、「機会があったらまた働きたい」と思ってもらうことも重要。そのためには、退職時の対応がカギとなる。

◉30分の退職面談を必ず行う

どんなに良いスタッフでも、残念ながらいつかは退職する日がやってきます。定年退職、結婚や出産、家族の転勤、学生さんの場合は進学や就職など、退職の理由はさまざまです。

せっかく業務を覚えて活躍してもらっていたのに、退職してしまっては、お店にとって相当な戦力ダウンです。しかし、残念がっていても仕方ありません。**退職が決まったら気持ち良く送り出してあげましょう。**

「辞められると困るんだよね」「あなたが退職するせいで私の休日が減る」などと恨《うら》み言《ごと》を言っているようではいけません。

退職したスタッフが「機会があれば復職したい」と思ってくれるようなお店であるために、**復職の制度を整えておきましょう。**

退職が決まったらきちんと面談を実施し、退職時の手続きだけでなく、これまでの仕事への感謝やねぎらいの言葉を伝えましょう。

退職面談は、次の内容を30分程度で行います。

〈退職面談の進め方〉

- 退職理由の確認（本当の理由を再度確認）
- 退職時期、最終出勤日
- 貸し出し品の返却
- 有給休暇の残り日数
- 給与の締めと支払い予定額
- お店の課題点と改善のアイデア
- 復職制度の説明と復職の可能性について
- 友人紹介制度の説明と候補者の有無

・これまでの仕事への感謝とねぎらい

左ページに【退職者面談シート】を掲載しました。抜け漏れがないようにチェックして、面談に臨みましょう。

⦿人手不足になってから連絡するのでは遅い

退職後も、復職のチャンスはゼロではありません。新しい仕事を探すより、気心の知れた仲間のいる職場に戻るほうが、精神的なストレスが低いものです。

他社に就職したが退職して社員として復職する、家族の転勤が終わって戻ってくる、育児が落ち着いた、定年退職したがまだ元気で働けるなど、復職はタイミングが合えば実現します。

しかし、そのタイミングを計《はか》るのは困難なので、定期的に退職者へのコンタクトが必要になります。季節のお便りや、誕生日に直接コンタクトをとる際などに、近況報告に加え、復職制度の案内を定期的に行いましょう。

大事なことは定期的な連絡です。人手不足で苦しくなったとき、慌てて連絡しても、戻ってくれる可能性は低いでしょう。いつも気にかけてくれて復職を願っている店長の

退職者面談シート

面談者氏名　　　　　　　　　　面談日：令和　　年　　月　　日（　）

退職者氏名	勤務開始日	勤務期間（月）	最終ランク	最終時給

退職理由

No.	面談事項	内容
1	ねぎらいの言葉	感謝の言葉と、仕事上の良かった点を伝える
2	感想ヒアリング	当社でのお仕事がどうだったか感想を聴く
3	貸出品	貸出品の返却について説明し、返却日を確認する
4	リエントリー制度	復職時の制度について説明する
5	給与支払い	最終給与支払日を説明する
6	お客様利用	元スタッフに適用されるメンバー割引制度の説明をする
7	ご紹介依頼	知人で働きたい人のご紹介依頼をする

【Memo】

もとには戻りたいと思うものです。

⦿復職制度は採用時にも説明する

復職制度は、退職した人を、一定期間、退職時の職位や時給で再雇用する制度です。スタッフは、新人としてではなく、過去の経験が活かせ、職位や時給が保証されるため、新しい会社に就職するより有利な条件で働けます。

業種にもよりますが、1~3年程度、職位や時給を保持できるようにするといいでしょう。

制度を周知するために、退職面談時だけでなく、採用時のオリエンテーションでも復職制度について説明するようにしましょう。

Point

「また働きたい」と思ってもらえるよう、退職時の面談は丁寧に!

第3章

「人がどんどん育つ」仕組み

01 トレーニングプログラムとスケジュールを明示する

第3章では、お店のスタッフを短期で戦力化するための仕組みを解説する。新人を育てるために必要なのがトレーニングプログラムとスケジュールだ。いつまでに何の仕事を覚えてもらうのかを明確にして、新人のやる気を引き出す。

⦿いつまでに何を習得してもらうかを決めておく

新人スタッフに、入店初日は何を教えますか？
2日目は？
3日目は？
1週間後にはどんな状態になっていますか？
1ヶ月後にはどのくらい成長しているはずですか？

これらの質問に答えられないようでは、スタッフの短期戦力化は困難です。

新人スタッフは、先輩たちに囲まれて、少しでも役に立ちたいものです。しかし、店長も先輩スタッフたちも忙しそうで、仕事を教えてもらえず、簡単な雑用ばかり。役に立てていない自分の居場所はなく、お店にいるのも気まずくなり、早々に退職してしまう……、なんてことはよくあります。

ある菓子製造工場で、配属されたばかりの新入社員3人全員が、入社から4日目に会社に来なくなり、そのまま辞めてしまうことがありました。

その会社は知名度も高く、多くの注文に日々追われていました。そこで新入社員を採用し、生産能力を上げようとしたのです。

しかし、結果は4日目で全員退職です。

その原因は、配属したばかりの新入社員に簡単で単調な仕事を与えたことでした。簡単で単調な仕事も、製造工程では重要な業務です。**問題は、初日から3日目まで、特に指示指導のいらない簡単な仕事を与えて放置してしまったことです。**

その結果、新入社員たちは、「このままこの作業をずっとやらされると思うとやっていられない。もっといろいろな技術を学びたい。この会社に入ったのは失敗だった」と話し合い、一緒に退職の判断に至ったのです。

⦿トレーニング内容がわかれば自発的に予習できる

もし、この菓子製造会社にトレーニングプログラムとスケジュールが整備されていて、スタッフたちにも明示されていたら、結果は違っていたでしょう。

「入社して1週間はこの作業。その次はこの作業。1ヶ月後にはこの仕事ができるように頑張ってもらうよ！」

そんなふうに事前に説明があれば、3日間の単調な作業もたいした問題ではありませんでした。

先が見えない。教えてもらえない。指示がない……。そんなことが続けば不安になるのも当然です。

新入社員の場合、まずは**配属初日から1ヶ月間程度のトレーニングプログラムとスケジュールを、日別・時間帯別で明示する**ことが必要です。また、入社1年後までの大まかなプログラムとスケジュールを準備しておけば、教える側も教わる側も粛々《しゅくしゅく》とトレーニングに取り組めます。

取り組むトレーニング内容がわかっていれば、先輩の仕事ぶりを見て予習もできます。

あらかじめマニュアルや作業手順書を読み込んでおくこともできます。結果、トレーニングの効率が上がるのです。

いつまでに、何をできるようになってほしいか、そのためにどんなトレーニングを誰が行うかを、整理・明示しましょう。

そして、**トレーニングプログラムの進捗《しんちょく》状況を、毎日、トレーナーや上司がチェック**し、日々、確実に進捗させることが重要です。まとめてやろうとすると遅れや漏れが出るので、1年間は朝礼や終礼で毎日するようにしましょう。

コンプリートしたトレーニングプログラムとスケジュールは、新入社員が1年経過後にアップデートし、次の新入社員のトレーニングで活用できるように準備しておきましょう。

Point

トレーニングの先が見えないと、新人スタッフが辞めてしまう。

02 明確で、誰にでもできるマニュアルを整備する

皆さんの店舗にはマニュアルがあるだろうか？　誰でもマニュアルを読めば同じように作業ができるよう、正しい基準と手順を具体的に記したマニュアルを作成しておく必要がある。

◉店長時代の私の失敗

私が店長時代、初めてアルバイトをする高校生を採用したことがあります。そのアルバイトには、初日の最初の業務にトイレ清掃をお願いしました。

そのアルバイトは元気に「行ってきます」と言ってトイレ清掃に向かいました。その後、私はオープン作業に追われ、そのアルバイトのことを放置してしまいました。

30分くらいが経過して、ふと、「あれ？　新人アルバイトはどうした？　戻ってきてないな。もしかしたらトイレ掃除が嫌になって逃げ出したかな？」と思い、慌ててトイレに向かいました。

そこで目にしたのは、そのアルバイトが一生懸命トイレ掃除をしている姿でした。
「しまった！　時間の目安を伝えていなかった……」と反省しました。
きっと、そのアルバイトは、声を掛けられるまでトイレ掃除をやっていたことでしょう。

さらに指示不足だったのは、ハンドソープの補充、雑巾《ぞうきん》の漂白などといった作業について、液剤の希釈倍率を伝えていなかったことです。当然のように、10倍希釈のハンドソープも、1000倍希釈の漂白剤も、原液で使用されていました。

これは新人アルバイトの責任ではありません。具体的な指示をしなかった店長である私の責任なのです。

◉具体的な数値で基準を明確に記す

このようなギャップを生まないために、**トレーニングプログラムの内容は具体的なマニュアルに展開しておく**ことが必要です。マニュアルには、基準書や手順書も含まれます。

「もうちょっと多めに」「もっと早く」「だいたいこれくらい」のような表現で指示や指導をしていると、簡単にギャップが生じます。あなたの「早い」と新人の「早い」にはギャップがあるのです。

5分、10センチ、100グラムなどだと、ギャップが生じません。

マニュアルとは、正しい基準と手順が、ギャップが生じないように記されたものです。

誰もがわかるように、数値を細かく入れ込んで作るようにしましょう。

数値化できないものについては画像や動画を用いて説明することで、ギャップを防ぐように工夫してください。

⦿手順書を整備すれば品質が落ちない

見栄《みば》えは同じでも、手順が違うことにより出来栄《できば》えが大きく変わったり、使い物にならなくなったりすることもあります。

例えば、皆さんもスマートフォンを買い替えたときに、LINEの引き継ぎ手順を間違えて、うまくデータが引き継げなかったり、履歴が消えたりしたことはないでしょうか？

キャッシュレスのアプリやモバイルSuicaのアプリも、手順を守らなければ、データが引き継げなかったり、消失したりすることがあります。手順を守らないと取り返しのつかないこともあるのです。

ＩＫＥＡやニトリで購入した組み立て式の家具なども、手順書を見ずに組み立てようとすると、うまくできなかったり、途中でやり直して時間が余計にかかったりします。

このように、手順はとても重要です。手順書には、完成品に導くための効果的で効率的な順番やポイントを盛り込んでください。

誰が作業しても同じ結果になる手順書を作成し、完璧な出来栄えの商品をお客様に提供するようにしましょう。

⦿主なマニュアルの種類

では、具体的にどういったマニュアル（基準書・手順書）を準備すればいいのか、例を次にまとめました。基本的なマニュアルと、業種別に必要とされるマニュアルです。

自店舗にどれだけ揃《そろ》っているか確認してください。もし足りないマニュアルがあれば作りましょう。

〈基本的なマニュアルの例〉

①基準・ルール系

レシピ、棚割、書類の提出先など、決まり事を示したもの

②オペレーション系

接客や調理、包装やレジなど、作業の手順、質を示したもの

〈業種別のマニュアルの例〉

①小売業

接客マニュアル

作業マニュアル（ラッピング、陳列、清掃、検品など）

ＶＭＤ（売り場作り、ＰＯＰ作りなど）

商品管理マニュアル（商品メンテナンス、在庫管理など）

②飲食業
接客マニュアル
調理・仕込みマニュアル
作業マニュアル（清掃、検品、機器メンテナンス、補修など）
食材管理マニュアル（冷蔵庫内、先入先出、廃棄ルールなど）

③サービス業（美容院、マッサージ店など、技術を提供する業種）
接客マニュアル
技術マニュアル
作業マニュアル（清掃、リネン管理など）

Point

基準は具体的な数値で。
手順は誰がやっても品質が落ちないように。

03

ＯＪＴは３つのステップに沿って進める

ＯＪＴと聞くと、非常に大変なことをしなければならないと考える店長もいるかもしれない。しかし、３つのステップに沿って実施することで、効率良く教えられる。

⦿自己流では効果的なＯＪＴにならない

トレーニングプログラムとスケジュール、マニュアルができたら、次にＯＪＴ（On the Job Training：現場での実地訓練）の仕組みを作りましょう。**ＯＪＴでは、限られた時間のなかで効率的で効果的な教え方が求められます。**

教え方を専門的に学んだ店長は多くないと思います。自分がスタッフ時代に店長や先輩から受けたトレーニング法をアレンジし、自己流で進めている方が圧倒的に多いはずです。

しかし、それでは効率的で効果的なトレーニングにならず、実際にスタッフを育てるなかでさまざまな苦労をすることになります。
そこでOJTの基本的な進め方をお伝えしましょう。

OJTは次の3つのステップで進めます。

①提示……プログラムに沿って丁寧にやってみせる
②実行……繰り返し本人にどんどんやらせて経験値を高める
③評価……出来栄えを評価し、次の目標を与える

お気づきの方も多いと思いますが、これは山本五十六《いそろく》さん（大日本帝国海軍第26・27代連合艦隊司令長官。旧日本海軍軍人のなかでも傑出《けっしゅつ》した名将としての評価は今日でも高く、海外においても広く賞賛されています）の「やってみせ、言って聞かせてさせてみて、誉《ほ》めてやらねば人は動かじ」という格言をなぞった育成方法です。

⦿ステップ①提示「やってみせる」

入店したばかりの新人スタッフは、真っ白な紙のような状態です。ですから、教える人がどんな絵を描くか、どんな色を塗るかによって、完成形が大きく変わります。

まずは、トレーニングプログラムとスケジュール、マニュアルに沿って、正しい「型」を丁寧に教えてください。正しいやり方を実際に示して教えることが重要です。スタッフが仕事に慣れてきたら、工夫してアレンジできるようにしましょう。

スタッフの仕事の習熟度が低いのは、スタッフのせいではありません。店長の指導力不足の表れだと思って、丁寧に教えるように心がけてください。

⦿ステップ②実行「繰り返しやらせる」

「あいつはセンスがないから」「向いていない」「不器用だから」などと店長の物差しでスタッフの能力を勝手に決めていたら、短期育成は実現できません。

繰り返しやらせることで、徐々にできるようになっていきます。特に初期トレーニングでは、とにかくどんどんやらせて、できることを増やしてあげることが重要です。

成長しないスタッフはいませんが、スタッフの成長を妨《さまた》げる店長はたくさんいます。

そんな店長になってはいけません。

スタッフの成長を心から信じ、できるまで、失敗しても、どんどんチャレンジさせてください。

その際のポイントが2点あります。

・あれこれ細かい指摘をしない

スタッフが新しい業務のトレーニングに取り組んでいるとき、「それは違う」「ダメ」「下手くそ」などと、細かく口を挟んだりしていませんか？

店長から細かい指摘をされるほど、スタッフは萎縮《いしゅく》し、失敗を招いてしまう可能性があります。指摘され続けることで、店長に対してネガティブな感情を抱いたり、「私は向いていないのかも」と落ち込んで退職につながったりすることもあり得ます。

そうならないために、まずはスタッフにひと通りやらせてみてください。そのうえで、**失敗したり、うまくいかなかったりした場合は、なぜうまくいかなかったのかを考えさせて、本人に気づいてもらう**ことが重要です。

店長は、「どこが難しかった?」「マニュアルと違う点はなかった?」「次、もっと上手にやるためには、どこに気をつけたらいいかな?」など、考えさせる質問を投げかけてください。

スタッフは質問されることで、「今回はここがマニュアルと違う手順になってしまったので、ここに注意してやってみます」などと考えることができます。**質問があるからこそ、前向きな意見とポジティブな行動が出てくる**のです。

店長の見守る姿勢は、しっかりとした実力を身につけさせることにつながり、結果的に効率の良いトレーニングになります。

店長は、焦りすぎない、詰め込みすぎない、口出ししすぎないように注意しましょう。

・お店のスタンダードを保つ

スタッフのトレーニングを行うことによって、ご来店されたお客様にご迷惑がかかるようではいけません。

お客様に話しかけられても適当に応対してしまったり、お客様をお待たせしてしまったりしていませんか?

トレーニング中もお店のレベルを一定に保てるように、店長はしっかり配慮しましょう。いつにも増してお客様への目配り・気配りが必要です。

どうしてもつきっきりでトレーニングをしなければならないときは、人員をきちんと揃えたうえで実施してください。

⦿ステップ③評価「出来栄えを評価し、次の目標を与える」

スタッフが新しい業務を習得したら、ぜひ褒めてあげましょう。

時々、「そのくらいの作業ができるのは当たり前だ」「自分が新人の頃はもっと早くできるようになった」「及第点ギリギリだ」など、スタッフに対して否定的な評価をする店長が見受けられます。これではスタッフのやる気が上がるわけがないですよね。

やる気が下がると、笑顔が出なくなったり、作業スピードも落ちてしまったりする可能性があります。

トレーニングの結果はポジティブにフィードバックするように心がけてください。

失敗したときは、怒るのではなく励まし、改めてチャレンジさせましょう。

ポイントは次の2点です。

・とにかく褒める

まずは良い点を見つけて、どんどん褒めるようにしてください。褒められると嬉しくなり、さらに意欲的にトレーニングに取り組んでくれるようになります。皆さんも、上司に褒められると、やる気が出ますよね。

教えたことが完璧に再現できなくても、「さっきよりかなり良くなったね」「この部分は特に良くできているよ」など、スタッフの小さな成長を見逃さず、褒めるようにしてください。

うまくできない場合は、「一生懸命やってくれたね」「丁寧な仕事ぶりは評価できるよ」など、スタッフの姿勢について褒めるようにしましょう。

「何度やらせてもできるようにならない」「褒めるところがない」と思ってしまうのは、**教える側のスキルに問題があります。**

できないことを責めたりせずに、再度丁寧に指導し、スタッフのチャレンジする意欲を削《そ》がないように注意しましょう。

・次の目標を決める

やるべきトレーニングの項目をクリアしたら、次のトレーニング目標を決めます。

トレーニングの順番が決まっている場合は、その順番に沿って、いつまでにできるようになるか、いつ誰がトレーニングするのかなど、具体的に設定します。

特に順番が決まっていない場合は、「次は何をやってみたい？」と、スタッフ本人の意思を聞いてみるのもいいでしょう。本人の意思を尊重することでやる気を持って取り組んでもらうことができ、さらにトレーニングの効率が上がると思います。

次のトレーニング目標が決まったら、他のスタッフにも共有しておきます。 手が空いた時間や、予定よりも習得が遅れているときなどは、店長以外のスタッフにもトレーニングに協力してもらうのです。

事前に情報共有をしておくことで、店長も「今このトレーニング中だから、うまくできているか見てあげてね」と他のスタッフにお願いすることが可能になります。

スタッフたちが積極的に協力できる体制が整っていれば、より効率良くトレーニングが進められるはずです。

Point

OJTは、提示・実行・評価の3ステップで効率良く進めよう！

04 「エクスチェンジプログラム」で仕事の幅を広げる

スタッフのさらなる成長を願う場合に有効な仕組みが、エクスチェンジプログラムだ。スタッフから積極的に意見が出やすくなり、お店全体の活性化にもつながる。

⦿他店舗とスタッフを入れ替える

トレーニングプログラムにより、基本的な業務がひと通りできるようになったら、次のステップは、仕事の幅を広げさせ、活躍の機会を増やすことです。

スタッフが大きく成長する機会を作る仕組みとして紹介したいのが、「エクスチェンジプログラム」です。これは、複数店舗を運営している場合に有効な方法です。

短期間（1週間程度）、自店舗と他店のスタッフを入れ替えることにより、さまざまな気づきや学びを得てもらうことを目的に行います。

スタッフの入れ替えは、自店舗と対照的なお店と行うといいでしょう。例えば、「大型店⇅小型店」や「好業績店舗⇅業績低迷店舗」、「都市型店舗⇅郊外型店舗」などでエクスチェンジを行います。

次のルールに従って、実際にやってみてください。

〈エクスチェンジプログラムのルール〉

①店舗における行動は、受入店舗のルールに則《のっと》る。
また、業務指示は、受入店舗の店長に従う。

②お互いの良い点を共有すること。課題点の指摘ばかりにならないこと。
しかしながら、ＮＧ行動についてはしっかり指摘し合うこと。

③毎日業務終了後に、簡単なフィードバックを行う（出向スタッフ⇅受入側店長）。
フィードバックについては、報告フォーマット（１２６ページの【エクスチェンジレポート】を参照）をもとに記録を残し、プログラム終了後に提出してもらう。

④レポートの写しを、受入店舗用と自店舗用に2部作成する。

⑤プログラム終了後、自店舗においてミーティングを実施する。
どんな気づきがあって、何を自店舗で活かせるかなどを、スタッフ全員で話し合う。

実際に取り組んだ際の実施要項の事例もご紹介しますので参考にしてください。

次の見開きの**【エクスチェンジレポート】に記録してもらい、スタッフ全員で共有するまでが重要**です。

〈**エクスチェンジプログラム実施要項例**（飲食店）〉

■**概要**：店舗間のスタッフを1週間入れ替えることでさまざまな気づきを促《うなが》すとともに、各店の成功事例や良い取り組みを共有することで、店舗と個人が成長する効果的なプログラムです！

■**実施期間**：2021年○月○日（火）〜2021年○月○日（日）

■**時間**：通常の社員シフト

■**対象スタッフ**：ホール社員（チーフ）

■**期待する効果（双方に良い効果を生む）**

①出向者：受入店舗ホールスタッフの接客スタイルおよび知識・技術に触れることで、自己の気づきと行動の変容。また、受入店舗が実施している、自店舗で取り入れられる良いところの発見と導入。

②受入店舗：出向者の接客・知識・技術に触れることでの気づき、良い点の吸収と実践。

その他、課題点がある場合の指摘。出向者店舗で実施している良い行動の吸収と実践。

■エクスチェンジで学ぶべき視点

①サービス：ご予約の受け方～お見送りまで、すべての流れ。そのなかでも特にお客様との「関係作り」についてよく観察し、吸収すること。お客様との会話の広げ方や常連客への対応、次回来店の促しなど。

②オペレーション：効率的な手順になっているか？ ピーク対応などお店のまわし方。

③売上作り：売上アップのための取り組み（見え掛かり、メニュー作り、サジェスト、企画、SNSなど）。

④コミュニケーション：店舗内のコミュニケーションのとり方（キッチン⇅ホール、スタッフ間）。

⑤その他：自店舗の課題点などと照らし合わせて取り入れたいこと。

Point

エクスチェンジプログラムで、スタッフの成長を促そう！

受入店舗　　　　　　　　　　受入先店長

	月　日		月　日	
	気付き・学び		気付き・学び	

エクスチェンジレポート

所属店名　　　　　　　　　　　　氏名

【エクスチェンジで学びたいこと、自店舗の課題】※　/　までに設定(店長と課題の共有を行ってください)

日付	月　日		月　日	
テーマ	気付き・学び		気付き・学び	
自分が学びたいこと、自店舗の課題				
サービス(接客)				
オペレーション				
コミュニケーション				
売上対策				
受入店舗よりフィードバック				

05

使えない会社の制度や仕組みがあれば改善を提案する

ここで、店長が理解しておくべき会社の制度や仕組みについて解説しておく。「会社の制度や仕組みが使えない」と愚痴をこぼす店長は少なくないが、そんなときは、実は、店長がどう行動するかが問われている。

⊙会社の制度や仕組みを嘆いても仕方がない

そもそも皆さんは、自社の制度や仕組みをしっかり理解していますか？

わからないものについて、質問して理解しようと努めていますか？

店舗運営において多くのことがうまく機能しないのは、現場の店長の理解が浅いことも大きな要因の1つです。

まずは自社にある制度を1つずつ理解してください。そして活用してください。

もし現場と乖離《かいり》している制度であれば、会社に改善の提案をしてみましょう。もし必要な仕組みがなければ、会社に起案してください。

機能していないこと、制度がないことをただ嘆《なげ》いても、何の意味もありません。**気づいている人が声をあげて、より良い会社、より良いお店を作ることが重要**です。

他責にしているうちは「できる店長」にはなれません。

会社にはさまざまな制度や仕組みが存在します。

まずは、次に挙げるような制度や仕組みが自社にあるかどうか、その中身がどうなっているか、今一度確認してみてほしいと思います。

〈店長が理解しておくべき制度や仕組み（例）〉

①人事関連

人事評価制度、社内FA制度、部署希望制度、社員登用制度、休職制度、復職制度、スタッフ紹介制度、表彰制度、報奨金制度、退職金制度、旅行積立制度、時短勤務制度、

テレワーク制度　など

②教育関連

トレーニングプログラム、オリエンテーションプログラム、トレーナー制度、メンター制度、階層別研修制度、海外留学制度、資格取得支援制度、エクスチェンジ制度（短期的な他店舗・他部署体験）、ジョブローテーション、目標管理制度、社内プロジェクト、改善提案制度　など

◉経営者に実態を伝える

経営者は、会社やお店が機能するよう、さまざまな制度や仕組みを考えて導入しています。その想いは、制度や仕組みがあることで、従業員も会社もお客様も幸せになることです。

しかし、制定してから時間が経つにつれて、あるいは時代背景が変わるにつれて、制度がだんだん現場とマッチしなくなることがあります。

経営者には現場の状況が見えづらいものです。そのため、制度改定の機会を見過ごす

ことも、当然、起こってきます。

店長の皆さんには、制度や仕組みがより機能するような提案をしてほしいと思います。**経営者が欲しいのは提案であり、否定ではありません。**こうすればもっと良くなる、会社もお店もスタッフもお客様も、誰もが良い状況になる、という提案です。

店長をはじめとする現場からの前向きな提案がなければ、制度や仕組みは変えようがないと思ってください。

経営者は、店長の皆さん以上に、会社、お店、従業員の未来を考えています。まずは店長のあなたが現場の声を確実に経営者に届けましょう。

Point

会社の制度や仕組みを理解し、前向きな提案で改善していこう!

06 キャリアパスとトレーニングの仕組みを整える

スタッフをやる気にさせるためには4つの制度を整備する必要がある。店長にこれらの制度を導入する権限はないかもしれないが、会社に提案することはできるだろう。少しでも良い環境でスタッフが仕事をし、成長してもらうために、ぜひ提案してほしい。

⦿意欲を向上させる4つの制度

スタッフが仕事に対して高い意欲を持つには、やる気を促す仕組みが必要です。

根がとても真面目で、何事にもやる気にあふれている。将来独立するための経験を積むために働く。そんな素晴らしいスタッフに恵まれるといいですが、そんな都合の良いことばかりではありません。

ただ、**成長しないスタッフというのはいません。**「できる店長」のもとでは、「できるスタッフ」がどんどん育ちます。迅速かつ丁寧に育てていきましょう。

意欲を向上させる4つの制度

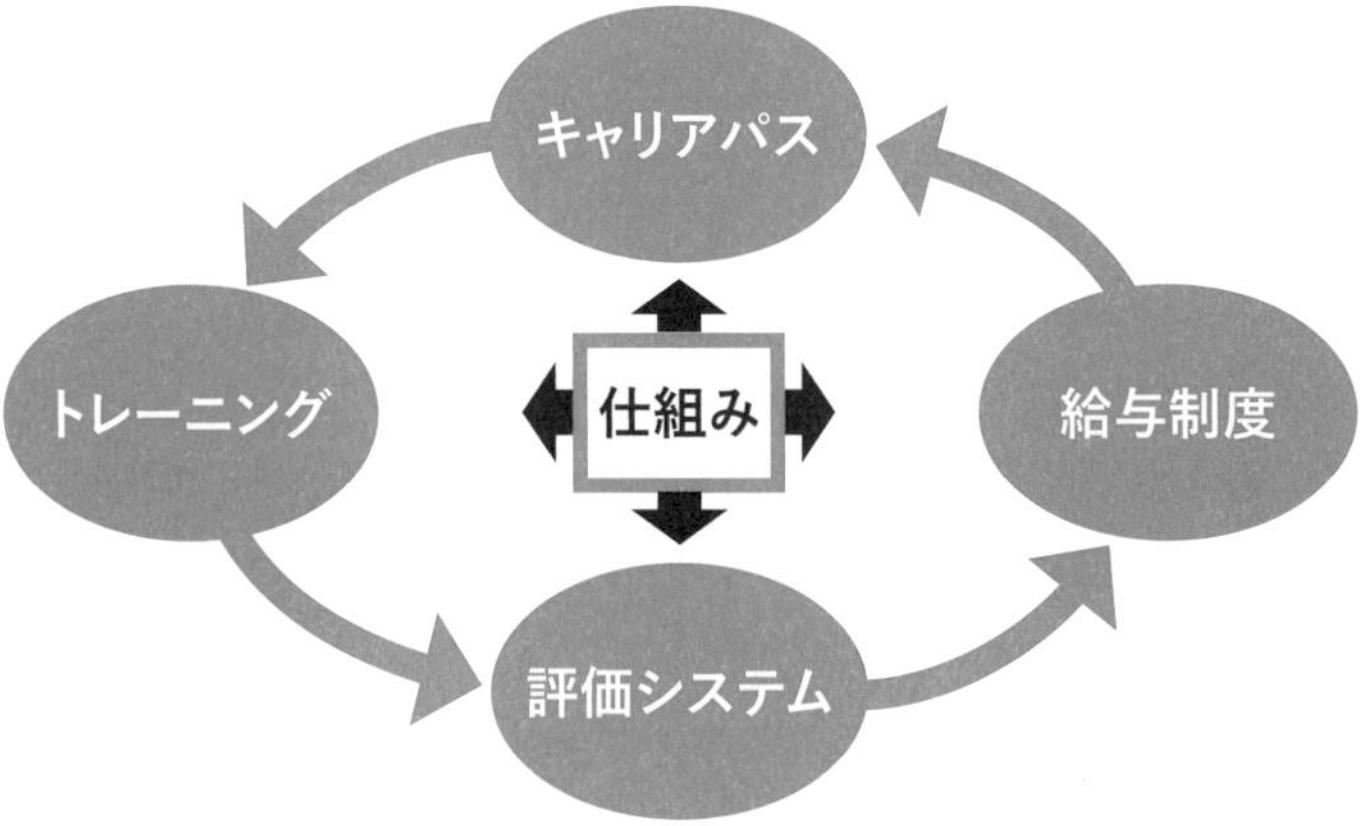

普通のモチベーションのスタッフの意欲を高め、生産性を高めるためには、店長の関わりと、意欲を促す制度が必要です。継続的に意欲を維持向上させるための4つの制度を紹介しましょう。

現在、こういった制度がない場合は、簡単なものでもいいので会社に提案し、導入することを強くお勧めします。

①キャリアパスプラン
②トレーニングプログラム
③評価システム
④給与制度

仕事をするうえで目標とする職位などのキャリアパスがある

↓目指すキャリアに対して、どうすればそうなれるのか、具体的なトレーニング内容が決まっており、必要なことを習得する道筋がわかっている
↓必要なことを習得し、仕事で活かすことができているかを、正しく評価される
↓評価結果をもとにキャリアが上がると、給与にも反映される
↓精神的にも経済的にも、次のステップを目指して、また仕事を頑張れる

この好循環を作ることで、スタッフの意欲と生産性が高まり、継続的に成長していくことができます。

次の見開きに全体像を示しました。それぞれのポイントを見ていきましょう。

⦿キャリアパスプランで向上心を喚起する

仕事の難易度や重要度、責任度に応じた昇格（階層）モデルで、各階層に求めるレベルを明確にしたものです。例えば、店長、リーダー、アシスタント、トレーナー、キャストといったキャリアのランクを明確にします。それぞれ、**どんな仕事ができるとそのランクになれるのか、職務要件を設けます。ランクに合わせた時給も決めましょう。**

キャリアパスプランがあると、知らないことがわかるようになる、できないことができる

キャリアパスプラン作成手順

Step 1 一番上のランクのパート・アルバイトに、社員のどの役職と同等の仕事をしてほしいかを決定する

Step 2 ランクを何段階にするかを決める
～職務・パート・アルバイトの在籍期間から決定する

Step 3 最大時給を決定する
～Step2で決定した社員の給与を時給換算する

Step 4 ランクごとの能力基準を決定する

Step 5 パート・アルバイトのすべての仕事を洗い出し、能力基準を参考にして仕事を振り分ける

Step 6 各ランクの時給アップ率を決定する
～自店舗のスタッフの在籍期間・離職率を考慮する

Step 7 評価者・評価期間などを決める

ようになるといった人間の知的好奇心を刺激したり、昇進したときのことをイメージさせて承認欲求を刺激したりして、向上心を喚起します。

◉キャリアパスプランに対応したトレーニングプログラムを作る

トレーニングプログラムはＯＪＴ（現場教育）とＯＦＦＪＴ（座学研修）によって構成され、必要に応じて確認テストを実施します。

１３８～１３９ページの図は、トレーニングプログラムの実例です。ランクが「ＬＥＶＥＬ１」とあるように、基本のトレーニングです。

キャリアパス			評価システム	給与制度
キャリア・責任者			評価システム	給与体系
店　　長	S　V	QSCチェックリスト	お客様アンケート	業績評価による給与
リーダー	S　V		OJT－進行表	業績評価による給与
Aアシスタント	店　長		OJT－進行表	ランクアップ給与制度
Bアシスタント	店　長		OJT－進行表	ランクアップ給与制度
Cアシスタント	店　長		OJT－進行表	ランクアップ給与制度
新入社員	店　長			新入社員給与
トレーナー	社　員		評価シート－TR	評価による時給
Aキャスト	トレーナー		評価シート－A	ランクアップ時給
Bキャスト	トレーナー		評価シート－B	ランクアップ時給
Cキャスト	トレーナー		評価シート－C	ランクアップ時給
トレーニー	トレーナー		評価シート－T	トレーニー時給

■パート・アルバイトから店長までキャリアを明確にする。

※次の段階が見えることがポイント

■各ランク別に、「何を実施してほしいか？」を明確にし、評価する。

※トレーニングチェックシートと連動させる

■社員やパート・アルバイトは「何ができるか？」「しているか？」を評価する。

■店長、リーダーには業績を求める。

4つの制度の全体像

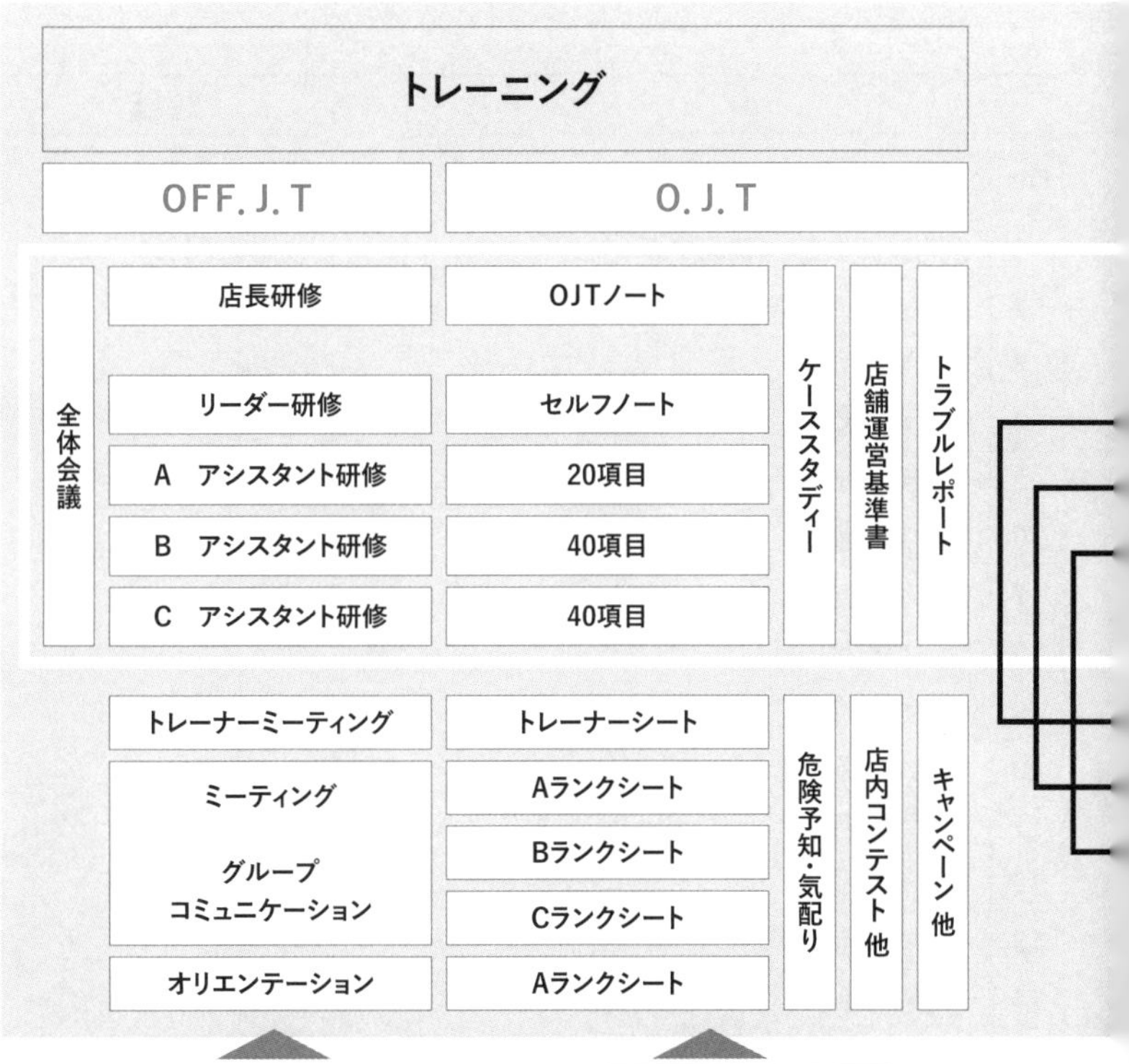

■ミーティングなどを通して必要な知識を習得させる。

※考えさせることも、大切なポイント

■店舗勤務中の少しの時間を活用して、何ができれば次のステップに上がれるかを明確にし、トレーニングを実施する。

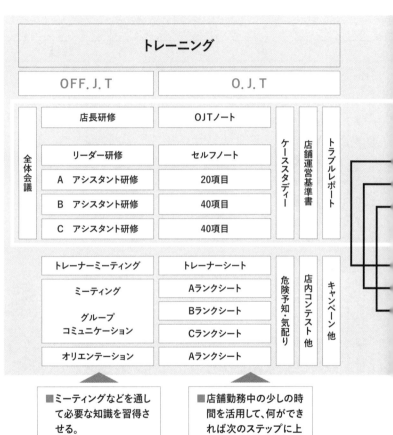

		評価		
No.	ポイント、着眼点	本人評価	上長評価	習得目標日
1	所定売面に正しく陳列する			／
2	入荷個数の確認、ハンディ入力、伝票の取り扱い			／
3	◯◯の検品			／
4	◯◯の検品			／
5	◯◯類の検品			／
6	◯◯類の検品			／
7	◯◯の検品			／
8	◯◯の検品			／
9	◯◯の検品			／
10	◯◯の検品			／
11	◯◯の検品			／
12	◯◯の検品			／
13	◯◯の検品			／
14	◯◯の検品			／
15	ハンドラベラーの使用方法、値付け位置			／
16	前進陳列、埃取り			／
17	特価ラベルの使用、値付け方法			／
18	電話機の使用方法、電話応対・取次ぎのルール			／
19	会員規約の説明、申込書の記入方法			／
20	社内移動・返品、仕入・納品・返品			／
21	マニュアル通りの時間と出来栄え			／

Point

キャリアパスプランをもとにトレーニングプログラムを作ろう！

スタッフトレーニングプログラム

項目		
ランク	大分類	中分類
LEVEL1	業務1	品出しができる
		荷受・検品ができる
		値付けができる
		売面メンテナンスが指示のもとできる
		セール商材の売変ができる
		内・外線の電話応対ができる
		会員入会手続きができる
		伝票のファイリングができる
		クレンリネス&メンテナンスができる

07 評価で必ずすべきこと、やってはいけないこと

前項で挙げた4つの制度のうち、評価システムと給与制度について解説する。これらも店長の権限で決めるのは難しいことが多いだろうが、正しい考え方を身につけておこう。

⦿評価をスタッフの成長につなげるためには?

キャリアパスプランとトレーニングプログラムを決めたら、それに基づく評価システムを決めましょう。

トレーニングプログラムの項目の習熟度合い、実践度合いを、2段階(○・×)~5段階(S・A・B・C・D)などで、基準に基づいて評価します。

評価は3人程度で実施してください。1次評価(本人)、2次評価(店長)、最終評価(SV〈スーパーバイザー〉)といった形です。

評価の注意点を3点挙げましたので、参考にしてください。

〈評価時の注意点〉

①事実や行動を分析的に見て評価する

＊職務遂行上の事実・行動であること（公私混同の排除）

職務上の事実・行動の評価を原則とし、プライベートな部分は評価の対象外とすること。また、**評価対象者を全体的印象やイメージで評価してはいけません。**常に、成果を上げた点、課題や反省を求める点などを区別し、被評価者についての事実・行動について評価してください。

＊評価対象期間の事実・行動を評価すること

例えば、「彼は以前からよく問題を起こしていた」「彼は昔からやる気がなかった」という具合に、何年も前のことを言い出すことを防ぐためです。もし、そんなことを言い出したら、人財育成という概念はなくなってしまいます。**人を成長させるために評価期間がある**ということが重要なのです。なぜ評価期間を設定するのかを絶対に忘れてはいけません。

②さまざまな観点から評価する

＊評価項目をきちんと区別すること

被評価者はさまざまな業務をこなしています。もちろん、そのなかには得手《えて》・不得手《ふえて》があるでしょう。例えば、接客業務が苦手だからといって、製造業務も苦手だとは限りません。「あなたのここが良い」「ここが悪い」と、**良い点・悪い点の両方が言える評価を行ってください。**

③絶対評価をする

＊強み・弱みを明確にすること

被評価者一人ひとりに要求し、期待する職務の基準に照らし合わせて評価するのが、絶対評価です。絶対評価を実施することにより、被評価者一人ひとりの強み・弱みを明確にすることが可能となります。

そして、被評価者一人ひとりの能力開発や育成が可能となります。特に強みについては、正しく評価し、伸ばしていくことが大きなポイントとなります。

⊙給与を決める際に考慮すべきこととは？

最後は給与制度です。給与は、キャリアパスに応じて能力（知識・技能）が向上し、実践（実行）できるようになったことに対して支払われる報酬です（時給、基本給、能力給、役職給など）。

アルバイトの時給については地域水準、業界水準などを考慮しましょう。**責任者業務ができる職位になった場合は、社員の給与を時給換算して、それを目安に時給を設定**してください（社員に対する月の総支給額÷法定労働時間。例えば、総支給額25万円、1ヶ月の総労働時間176時間の場合、25万円÷176時間＝時給1420円が目安）。

これら4つの制度により、好奇心（キャリアパス）、目標（トレーニングプログラム）、精神的報酬（評価システム）、経済的報酬（給与制度）が得られ、働くスタッフの継続的なモチベーション向上が望めます。この好循環を生み出すために、まずはキャリアパスプランから作ってみてほしいと思います。

Point

評価による精神的報酬と給与による経済的報酬でやる気を持続させる。

第4章

「お客様がファンになる」仕組み

01 客単価よりも「LTV（顧客生涯価値）」が重要

売上を増やそうと、お客様が望まないものまで売ろうとすると、嫌われてしまう。第4章では、売上の源泉であるお客様に嫌われず、好きになってもらうための仕組みを紹介する。

⦿ファンになってもらうとLTVが高まる

デリバリーや通販の発達により、自店舗の周辺にある店舗だけが競合店ではなくなりました。自宅にいても商品を購入でき、サービスを受けられる時代だからこそ、わざわざお店に来てくださるファンを作る必要があります。

また、2020年に新型コロナウイルスの感染が拡大したことにより、さまざまな影響が出ています。営業自粛、時間短縮営業、ソーシャルディスタンスの確保など、私たち店舗ビジネスをしている者には逆風が強く吹いていますが、自店の圧倒的なファンはそんな状況下でも足繁《あししげ》く通ってくださいます。

そんなファンを作る方法をお伝えしましょう。

「LTV」という言葉をご存じですか？　Life Time Valueの略で、顧客生涯価値のことです。

お客様がある店でお買い物をするのはたった1度だけというわけではなく、生涯のなかで何度も利用してくださいます。**「1人のお客様が、生涯のなかで、ある店でお買い物をしていただいた合計金額は、いったいどのくらいになるか？」というのが、LTVの考え方**です。

例えば、会社員の方が、毎朝オフィス近くのコンビニでパンとコーヒーと新聞を買い、400円の代金を支払ってくれるとします。22歳の新入社員時から65歳の定年退職時まで購入し続けてくださった場合、LTVはいくらになるでしょうか？

22歳から65歳までは43年間。

年間の休日を120日とした場合、1年間に出勤するのは、365日－120日で245日（計算を簡単にするため、閏年《うるうどし》については考慮しないでおきましょう）。

ということは、LTVは、客単価400円×年間245日×43年間＝421万400

0円です。

つまり、毎日の400円の積み重ねが400万円以上のLTVを生み出すということです。非常に大きな金額になることがわかりますね。

⦿強引に客単価を上げようとすると未来の利益を失う

昨今、客数減に苦しむお店が多く、売上を上げるために、少ないお客様に少しでも多くのお買い物をしていただこうと、客単価向上のための接客をするお店を多く見かけます。

お客様にとって良い提案なら問題ないのですが、必要のない商品をお勧めしたり、お客様の想定予算を超える高額な提案を強引にしたりするお店もあります。

店員の接客に押し切られたお客様にはご購入いただけますが、その後、どうでしょうか？　そのお客様は、またそのお店に行くでしょうか？

おそらく、多くのお客様は、もうそのお店を利用しないでしょう。

そうすると、**一時的な客単価は上がりますが、LTVを考えると、大きな未来の利益を失ってしまいます。**

私自身、さまざまな提案をされた経験があります。

近所のガソリンスタンドで、給油以外のことを頼むと、必ず高額の提案をされました。

冬前にスタッドレスタイヤの組み替えを依頼すると、必ず「新品のタイヤにしたほうが安全です。今なら安くできます」と言ってきます。

それを断ると、「バッテリーが弱っているので交換したほうがいいですよ」。

それも断ると、「オイルも点検しましたが、オイルエレメントの交換をしたほうがいいですよ」。

これも断ると、ブレーキオイルだの何だのと、本当に次から次へと提案が出てくるのです。

「危険です」「安全のために」などと、相手が少し怖がるようなキーワードで提案するので、私も心配になって何度か提案を受け入れたことがあります。

ところが、いつも見てもらっている整備工場に定期点検に出すと、「やらなくていいこと、たくさんやっていますね！」と指摘されました。

近所のそのガソリンスタンドには、2度と行かないようになりました。

⦿客単価を下げてもLTVを上げた携帯ショップ店員

一方、お客様想いのお店もたくさんあります。

先日、スマートフォンが古くなって不調が続いたので、新しいスマートフォンに替えようと思い、いつものショップに電話をしました。ちょうど5G対応の端末が続々登場しているタイミングだったので、「5Gのほうがいいかな」と思っていました。

4Gに比べて5Gの端末は、当然、高価です。それでも5Gの端末を購入するつもりでしたが、私の担当の方は、5Gを使えるエリアがまだほとんどないこと、5Gの端末にすると料金プランが変わって割高になることを踏まえ、

「5Gの端末を購入するのはもう少し待ったほうがいい」

と言いました。

そこで、在庫のある4Gの端末を見ていただいたところ、残念ながら、私が使用していたスマートフォンよりスペックが落ちるものしかありませんでした。どうしたものかと悩んでいると、

「新しい端末の購入ではなく、修理または交換で対応したほうがいい」

との提案をくださいました。

5Gの端末は10万円程度しますが、交換は8000円でした。お店としては10万円の端末が売れたほうがいいと思います。しかし、その担当の方は8000円の提案をしてくれたのです。

5Gのエリアが広がるまでは交換した端末を使用しますが、私は次に新しいスマートフォンを買うときは、絶対にこのお店の、この担当の方から買おうと決めています。

⦿本当にお客様のためを思った接客を

目先の客単価を考えて行動したためにLTVを失うことは多々あります。

もちろん、お客様のためを思って提案をすることは問題ありませんし、結果としてお客様満足の向上につながることもあります。しかし、そうでない提案は必ずお客様に嫌われます。普段からLTVを意識した接客応対を心がけてください。

この機会に、皆さんのお店の常連さんをイメージして、LTVを算出してみましょう。

Point

目先の客単価を追わず、常連のお客様のLTVを考えよう!

02 お客様を不快にさせるとLTVを大きく失う

ちょっとした口コミによって、大きな影響を受けることがあるのが店舗ビジネス。接客応対でお客様に「良い記憶」を残し、良い口コミを広げてもらうことが重要だ。

⦿悪い口コミはLTVをゼロにする

口コミがLTVに影響を与えることは、珍しいことではありません。

先ほどのガソリンスタンドの事例では、そのガソリンスタンドにはもう行かないので、私のLTVがこれ以上伸びることはありません。

それどころか、家族や友人、近所の人たちとの雑談で、そのガソリンスタンドの話になったときは絶対にお勧めしません。

それを聞いた家族や友人がわざわざそのガソリンスタンドを使うでしょうか？

答えはNOです。

なぜなら、近所にガソリンスタンドは他にもたくさんあるからです。

このように、**接客応対を体験した顧客以外にも口コミが広がることで、未来の顧客のLTVにも影響が出ます。**

特に、身近な人からの口コミは信頼性が高く、影響力が大きい。近年は、インターネットの口コミも、お店を利用するかどうかの大きな判断材料となっています。悪い書き込みがされているお店をわざわざ使おうとは思いません。客単価が高いお店ほど、この傾向が強くなります。

一方、**信頼のおける人からの良い口コミは、未来の大きなLTVの獲得につながります。**先ほどの携帯ショップの場合がそうです。

私は、家族、お取引先、友人などからスマートフォンについての相談を受けたら、必ずあのショップ、あの担当の方をご紹介します。なぜなら、顧客の立場になって真剣に考えてくれることがわかるからです。

1人の客単価は小さいけれど、LTVは大きい。口コミや紹介によって、LTVはとんでもなく大きくもなれば、なくなってしまうこともある。
このことを肝に銘じて、お客様対応にあたっていただきたいと思います。

◉「購買意思決定プロセス」から考える

このようなお客様の心理を、アメリカの経営学者で「近代マーケティングの父」と呼ばれるフィリップ・コトラーの「購買意思決定プロセス」を用いて見てみましょう。

左ページの図をご覧ください。

ポイントは、「②情報検索」の段階で上位に思い浮かべてもらうことです。

例えば、明日はお取引先様とのわりと気軽な会食だとしましょう。あなたは会食のお店選びを任されました。自社の付近のお店で、予算は1人5000円以内。高級店は選べませんが、センスが問われる仕事です。

このとき、**まず頭に思い浮かぶのは、「過去の体験」**です。自分が過去に、5000円程度の予算で、自社の付近で行ったお店のなかでも、「良い記憶」のあるお店を思い浮かべます。最初に思い浮かんだお店を選ぶ可能性が最も高く、もしそのお店を選ばない場合は、次に思い浮かんだお店を選ぶ可能性が高くなります。

コトラーの購買意思決定プロセス

① 問題認知	理想と現実の差を認知し、それを解消したいと感じる。
② 情報検索	記憶に蓄積されている内部情報と、口コミ、広告といった外部情報より解決方法を選択する。また、納得いく解決方法がなければ新しい情報を検索する。
③ 代替品評価	情報検索によって得られた情報をもとに、いくつかの代替候補との評価を行う。
④ 購買決定	代替品の評価結果をもとに、購入を決定する。
⑤ 購買後の行動	購入後の意思決定に対する評価が始まる。 この評価により満足・不満足が決定され、次回の購入に影響を与える。

自分で思い浮かぶお店から選ばない場合、**次にとる行動は、信頼できる人から情報を得ること**です。「そういえば、スタッフのAさんはグルメ通で有名だったな。彼女にお店を聞くのがいいな！」という具合に情報を収集します。

しかし、残念ながら予算などの関係で彼女が推薦するお店を選べなかったら、**その次は外部情報に手を伸ばします。**ネットや情報誌などの情報です。そのなかから、ユーザーの評価が高いお店を選ぶことになるでしょう。

このような流れで会食のお店を決めるわけですが、過去の体験で「悪い記憶」のあるお店を選ぶことはあるでしょうか？　最初の段階で、確実に除外しますよね。

そのお店には、上司やお取引先の方は行ったことがないかもしれません。しかし、あなたの過去の体験によって、上司やお取引先様がそのお店に行く機会はなくなります。

もし、会食の席で「悪い記憶」のお店について話すことがあれば、それが悪い口コミになって、その場にいた人はそのお店を利用しようという気がなくなります。

⦿「良い記憶」に残る接客応対をする

次のポイントは「⑤購買後の行動」です。

この段階で「良い記憶」に残れるかどうかで、次の機会の「②情報検索」で上位になれるかどうかが決まります。

「良い記憶」に残るかどうかは、①商品の品揃え・品質と価格のバランス、②店舗環境（雰囲気・什器《じゅうき》や設備・音・匂い・清潔感・室温・感染予防など）、③接客応対（お出迎え〜会計、お見送りまで）などで決まります。

特に記憶に強く残るのは接客応対です。接客応対でお客様を不快にさせてしまうと「悪い記憶」になり、「除外キーワード認定」されてしまいます。1度そうなると、もうご利用していただくチャンスは皆無《かいむ》です。

そうならないために、まずはお客様を不快な気持ちにさせないことが大切です。どうすれば不快にさせないのか、その仕組みを次の項目で解説しましょう。

Point

悪い口コミが広がると未来のLTVをなくしてしまう。

03

お客様の期待を裏切らない商品と不快にさせない環境を整える

お客様に嫌われる要因は大きく3つある。ここでは商品と店舗環境に関する不満要因について解説する。

⊙お客様の不満をゼロにするところから

フィリップ・コトラーの「購買意思決定プロセス」を見てもわかる通り、お客様に嫌われてしまうと、そのお客様だけでなく、未来のお客様も失うことになります。LTVの観点から見ると大ダメージです。

そうならないためには、まずはお客様の不満になることをゼロにするところから始めなければなりません。

お客様の満足・不満足を決める要素は、①商品の品揃え・品質と価格のバランス、②店舗環境、③接客応対です。

お客様がイメージしているボーダーラインを下回ると、お客様は不満を覚えます。その不満が解消されなければ、次に選ばれることはなくなります。

①商品の品揃え・品質と価格のバランス

いつ来ても、欲しい商品が売り切れていて置かれていない。品選びの楽しみがない……。そんな状況では、お客様は不満を感じます。売れ筋商品を確保したり、常連さんがいつも買ってくださる商品をお取り置きしたり、定期的に新商品を出したりして、お客様の来店動機を阻害《そがい》するものをなくしましょう。

品質については、破損や不具合がないか、パッケージや広告の内容と大きく乖離《かいり》するような商品ではないか、サイズやボリュームの認識の違いが起こりやすい状況になっていないか、市場価格と乖離していないか、品質と見合った価格かなど、気をつけるべき点がたくさんあります。店長は、取扱商品の同等品や類似品の価格帯などを把握しておきましょう。

商品でお客様の期待を裏切ると、即クレームになり、返金や返品の要求をされます。当然、返金や返品の要求を出さざるを得なかったお客様は、もうそのお店に対しての信用がなくなり、来てくれなくなります。

②店舗環境

店内は、お客様が過ごしやすいように、不快に感じる状況にならないように、注意を払う必要があります。

店内環境で気をつけることは次の通りです。

〈店舗環境のポイント〉

・雰囲気　……雑然としていないか。店内が暗すぎないか。お店のブランドコンセプトに合わない華美な、またはカジュアルすぎる服装のスタッフがいないか。

・什器・設備……転倒や衝突の危険がないか。故障などがなく、十分な機能を果たしているか。

・音　……BGMの音量やスタッフの話し声が大きくないか。大声で話したり、騒いだりするお客様がいないか。

・匂い　……腐敗臭、トイレの匂い、体臭、口臭、香水の匂いが漂《ただよ》っていないか。

・清潔感……店内、店頭、トイレなど、清掃されていることがひと目でわかるようにきれいな状態が保たれているか。

・室温……季節・時間帯に応じた温度設定、体感温度になっているか。

・感染予防……定期的な換気、消毒、ソーシャルディスタンスのルールが守られているか。

店長は、これら**お客様の不満要因をすべてなくすことで、まずはお客様から嫌われることを回避できます。**高い顧客満足を得る前に、不満をゼロにするための取り組みに力を注いでください。

③接客応対については、次の項目で詳しく解説しましょう。

Point

商品の品揃えや品質に目を配り、快適な店舗環境も常に維持しよう!

04 接客応対の「NGマニュアル」を作成する

お客様に嫌われてしまう一番の原因は、実は接客応対にある。スタッフの接客応対を良くすることは、店長として最も力を入れて取り組みたいポイントだ。

◉接客応対の不満が失客の最大の要因

お客様の満足・不満足を決める要素は、①商品の品揃え・品質と価格のバランス、②店舗環境、③接客応対の3つです。ここでは、店長にぜひ気合いを入れて取り組んでもらいたい、③接客応対についてご説明します。

③接客応対

私どもは、コンサルティング会社という特性上、多くの企業のお客様アンケート結果や覆面調査結果を拝見する機会が非常に多くあります。

お客様の再来店意向や推奨度合い（知人にお勧めするか）に対して、マイナスの影響を最も大きくおよぼすのが、接客応対です。お客様は、商品の欠陥や店舗環境の悪さより、接客応対が悪いことに対して最も腹を立てます。

商品の欠陥はその場で言ってくださる場合が多いのですが、接客応対の不満はなかなか面と向かって言いづらいものです。その場で苦情を言わず、後日、電話やアンケートで不満をぶつけてくるので、その場でフォローやリカバリーができず、嫌われたままになってしまいます。

つまり、**接客応対の不満は失客に直結する**のです。

「あんな感じの悪い店員の顔は2度と見たくない！」

「なんて気の利《き》かない店員だ！」

こんな気持ちにさせてしまっては、お店にファンがつかないどころか、お客様がいなくなってしまいます。

接客応対については、店長が最も気をつけて管理しなければなりません。

・最重要！　入店時のご挨拶

まずは入店時のご挨拶。入店のご挨拶がないのは論外です。無愛想、無表情の「いらっしゃいませ」は、お客様をいきなり不快にさせてしまいます。

また、お客様から質問されたり、声を掛けられたりしたときの無愛想な表情や態度は、非常に不快なものです。残念ながらそんな店員さんは山ほどいます。これは店長のマネジメント力のなさが表れていると言えます。

「お客様から何度も苦情をいただくような接客をしてしまうスタッフに、どう対処したらいいですか？」という相談をよく受けますが、私は、悪気がある・ないにかかわらず、即、お客様対応から外すように助言しています。

「忙しいから外せない」「人がいないから仕方がない」といった返答をいただくことも多々ありますが、**無愛想な対応では、日々失客するだけでなく、悪い口コミが広がり、LTVがどんどん細くなっていく**のが明白だからです。

・改善が見られないスタッフをどうするか？

自分の無愛想な接客に気づいていないスタッフの場合、再教育で良い接客ができるようになることもありますが、「愛想良くするつもりがない」「私は悪くない」「私には無理だ」といった理由で改善が見られない場合が多いのも現実です。

このコロナ禍でわざわざ来ていただいたお客様をぞんざいに扱うスタッフを、大切なお客様対応にあてるわけにはいきません。お客様に接する以外の仕事を与えるか、辞めてもらうことを検討してほしいと思います。

私たちはお客様商売をしているのであり、ボランティア活動をやっているわけではないことを改めて認識してください。また、会社の理念や行動規範を見返してみてください。お客様をそのように扱ってよしとはしていないと思います。

逆に、**作業や事務処理は苦手でも、愛想が良く、気が利くスタッフは、どんどんお客様対応にあててください。**仮に手際が悪い、覚えが悪いとしても、そんなことを差し引いても、お客様に好かれ、LTVを伸ばし、良い口コミを広げてくれる、素晴らしいスタッフです。そのくらい接客応対が重要なことを改めて認識しましょう。

接客応対のチェックポイントは次の8つです。

①身だしなみに清潔感があるか
②入店時の挨拶は漏れなく、感じ良くできているか
③お客様からご質問をいただいたり、お声を掛けていただいたりした際の対応が、素早く、感じ良くできているか
④お客様とすれ違うときに、道を譲って笑顔で軽い会釈をしているか

⑤お客様の私物や購入商品をお預かりするときに、大切に扱っているか
⑥お客様が欲しくないものまで提案して、売りつけようとしていないか
⑦お会計時は、お客様に商品と価格を確認していただけるよう、声に出して会計処理をしているか
⑧お帰りの際は、感じの良い挨拶とともに、お見送りをしているか

たくさんのチェックポイントがあると思われるかもしれませんが、まとめてみると、ほぼこの8つに集約されます。接客をするスタッフがすべて確実にできているか、店長がチェックしましょう。

逆に言うと、これらができないスタッフにお客様対応をさせるわけにはいきません。**絶対ルールとして、これらの内容ができるようになってからお客様対応の仕事を与えてください。**ここは妥協してはいけない部分です。

・NGマニュアルでチェックする

最近では「あるべき姿」をマニュアルにする逆バージョンで、「これだけは絶対やらないで」というNG・ネガティブマニュアルを作成する会社もあります。ストレートで

とてもわかりやすい表現になりますので、お勧めしています。

〈NGマニュアル例〉

・清潔感がない
・無愛想な態度で接客する
・お客様とすれ違うときに避けない
・お客様の私物や購入商品を雑に扱う
・お客様が欲しいと思っていないものを無理やり買わせようとする
・お会計の際、無言で金額だけを伝える
・お帰りの際のご挨拶がない、お見送りしない

工夫して、誰もがわかりやすいチェックポイントを作りましょう。

Point

接客応対は絶対に妥協してはいけない。

05 商品知識を共有し、商品やサービスの価値を上げる

商品やサービスの価値は価格ではない。魅力がお客様にきちんと伝われば、価値が高まり、購入につながる。そのためには、まずは店長が商品知識を深めることだ。

⦿「高い」「安い」は値段では決まらない

売上は「客数×客単価」です。客単価は「商品単価×買い上げ点数」です。

つまり、売上を増やすには、多くのお客様に来ていただくか、たくさんの商品を買っていただくか、または、高額の商品を買っていただくことが必要です。

しかし、148ページでお話ししたように、客単価を上げたことによってLTVを失っては本末転倒です。

一方で、お客様は、価値があるものには相応の代金を払ってくださいます。

つまり、**価値が伝わり、お客様が欲しいと思えば、客単価が上がるとともに、満足度の向上にもつながる**のです。

例えば、ワインのプロであるソムリエは、小売価格の2~3倍程度の価格で販売されているワインを心地良くお勧めしてくれます。そのワインが育った国や地域、土壌の特性、作り手の人柄や想い。そして、お料理とのマリアージュ。

これらを丁寧に説明することにより、ワインの価値がグッと上がるため、相手が「飲みたい!」と思うのです。ソムリエが語るワインの価値を認識し、不満なく、購入に至るというわけです。

しかし、せっかく良い商品やサービスを取り扱っているにもかかわらず、その価値をスタッフが理解していなかったり、誤って捉えたりしていては、価値ある商品も単純に値段の高い商品に見えてしまいます。

私がある料理店に行ったとき、練り唐辛子を使った料理を出されました。その練り唐辛子がとても美味しいので、スタッフの方に何かこだわった商品なのか尋ねたところ、残念ながら「わかりません」という回答でした。

そこそこいいお値段だったその料理は、その答えを聞いた瞬間、「高いな……」という印象に変わりました。

後日、そのお店のオーナーに改めてその料理のことを訪ねると、日本で2軒しか取り扱いのない、こだわり抜いた希少な練り唐辛子であるということでした。

同じ商品ですが、今度は「安いな」という印象に変わりました。

⦿商品知識をスタッフと共有する

このように、**魅力や希少性、まつわる物語などをお客様にお伝えすることで、商品やサービスの価値は飛躍的に上がります。**接客応対に携《たずさ》わるスタッフには、商品知識を必ず覚えるように指導しましょう。

また、商品やサービスについての知識は、深掘りするだけでなく、使い方の工夫（「こんな使い方もあるんですよ」）や組み合わせの提案（「この商品はこれと組み合わせるととっても素敵です」）などをできるようにしておきましょう。朝礼やミーティング時にそのようなテーマでお店のスタッフと議論するのもいいと思います。

当然のことですが、店長が自店の商品のことを知らなければ、スタッフはもっと知りません。**店長自ら率先して商品についての知識を深め、さまざまな提案をお客様にできるようになっておきましょう。**そして、それをスタッフたちと共有するようにしてください。

接客応対時に口頭で説明するのが困難な場合は、ＰＯＰでその魅力を伝えましょう。直接接客できないシーンであっても、お客様はＰＯＰを見ることで商品の魅力を知ることができます。手書きのものでも構いません。ひと言添えてあるだけでも印象が変わります。

また、事前にホームページやＳＮＳでお客様に商品の魅力や物語を伝えることも可能です。昨今、事前にインターネットで情報収集するお客様は珍しくありませんから、力を入れて取り組んでいいと思います。

商品の価値は、接客応対時の説明やＰＯＰで高めることができるのです。

Point

商品知識を深め、魅力を接客やPOPでお客様に伝えよう！

06

お客様の名前や好みを全スタッフが把握し、特別感を演出する

お店を好きになってもらうには、お客様を大事にしていることが伝わることが重要。ほんの少しの気遣いと工夫で、お客様をいかに大切にしているかを伝えることができる。

◉お店を好きになってもらうための5つのポイント

お客様は、お買い物をしたり、サービスを受けたり、食事をしたりするための、お気に入りのお店を持ちたいものです。

わかりやすい例を挙げると、美容室などは、安心感がある行きつけのお店に長く通うものです。誰かにお店の紹介を頼まれたときも、「私のお気に入り」「行きつけのお店」は紹介しやすいと思います。

そんなお店になるためには、158ページでお話しした、商品と価格、店内環境、接客応対で、お客様の期待を超えなければなりません。

特に重要なのが、**お客様に「大事にされている」と感じていただく**こと。すると、そのお店に通いたくなるものです。

では、どうやって大事にされていることを感じていただくか？

特に難しいことをやるわけではありません。

ほんのちょっとしたことで、お客様にお店を好きになってもらうことは可能です。

まずは次の5つを試してみてください。

①よく来てくださるお客様のお名前を全スタッフが言えるようにする

お客様は、お名前で呼ばれることで、特別感を得ることができます。

注文書、会員カードやアプリの登録などでお名前をお聞きする機会がある場合は問題ありませんが、そうでない場合、どうやってお客様のお名前を知ればいいのでしょうか。

実は、店長であれば難しくありません。よく来てくださるお客様に、

「いつもご来店ありがとうございます。ご挨拶が遅くなりました。私、店長の○○と申します。どうぞよろしくお願いいたします」

と名刺をお渡しし、

「差し支えなければ、お客様のことをお名前でお呼びしたいので、お名前を教えていただけないでしょうか？」

とサラッと聞けば、たいがいは教えてくださいます。

お名前がわかればスタッフと共有し、全員が呼べるようにしましょう。連絡ノートなどにお客様の特徴とお名前を書いておいたり、朝礼や終礼で共有したりすればいいでしょう。

②お客様の購入履歴や好きなものを把握しておく

よく来ていただくお客様がどんな注文をされるのか、どんな好みがあるのかも把握し、**お客様から言われる前に提案してみましょう。**

飲食店であれば「いつもの○○でよろしいですか？」、物販の場合は「○○様が好きそうなアイテムが入りましたよ」「先日ご購入いただいた上着ととても合いそうなアイテムが入荷しました！」など、お客様のことを想っていると伝えるためにも、購入履歴や好みを把握しておくことが大事です。

③あえて購入を遮る

150ページの携帯ショップの事例のように、お客様が不要なお買い物をされないように、**場合によっては購入を遮《さえぎ》ることも満足度向上につながります。**

例えば、飲食店でたくさんオーダーしたお客様に、「食べきれないかもしれませんので、いったんこのくらいにしておいてはいかがですか？」とご提案するというような具合です。

私は飲食店でついたくさん注文してしまうので、このように途中で止めてくれる店員さんがいるお店はとても信頼できると思い、何度も利用するようになります。

また、「同等の商品でもっとお安い商品がありますよ！」と提案してくれる販売員の方や、「今は買い時ではないです」と購入を見合わせるよう提案してくれる店員さんも、とても信頼できます。

このように、時にはお客様の購入を遮るような提案でお客様の信頼を勝ち取ってください。

④定期的にお便りを送る

メールやＬＩＮＥではなく、**ハガキで、それも手書きでお便りをくださる販売員の方は、とても印象に残る**ものです。

購入して数ヶ月後にお手入れの方法を書いたお便りが届いたり、欲しい商品が見つからなかった後に、好みに合わせて「こんな商品が入りました」とのお知らせがあったり、誕生日や季節のご挨拶などが来たりすると、特別感が出ますよね。

もらった人の心があたたまるようなハガキやお手紙を定期的に書いてみましょう。雑誌に広告を載せるよりよっぽど効果的です。

⑤ＶＩＰカードを作る

一定の条件を満たした常連のお客様には、来店の都度《つど》、購入の都度、特別なサービスが受けられるようにするのもいいでしょう。

購入時に必ずノベルティがもらえたり、先行販売会に招待したり、新商品の試食ができたり、大盛りをサービスしたり、といったように、過度なサービスでなく、ちょっとしたサービスで問題ありません。

ＶＩＰカードを作ることで、スタッフも常連のお客様だということがひと目でわかり、「いつもありがとうございます」と声を掛けることができます。

競合他社にお客様を奪われないようにするために、特典を大きくするのも1つの手です。「他で買うより絶対お得！」など、競合店という選択の余地を与えないことも、Ｖ

IPカードの活用法です。

スタンプカードやポイントカードを実施しているお店はすぐにできますので、ぜひ試してみてください。

このように、お客様にお店を好きになっていただくためには、特別なこと、多大な投資がかかることはありません。

ほんの少しの気遣いや工夫で好きになっていただけます。

普段からお客様を大切にする姿勢を見せることが成功のポイントです。

店長自らが率先して行い、スタッフたちにもその姿勢を見習ってもらいましょう。

Point

普段からのちょっとした気遣いや工夫でお店を好きになってもらえる。

07 競合店の強みを自店舗の武器にする

「競合店にお客様を絶対に取られたくない」と、無理に自店舗の商品を勧めていないだろうか？　お客様が本当に望まれる商品を提案してこそ、自店舗のファンになってもらえる。

⦿お客様は「競合店のほうが良いのでは？」と思うもの

155ページで紹介したフィリップ・コトラーの「購買意思決定プロセス」では、お客様は、商品やサービスを購入する際、必ず「③代替品評価」を行います。皆さんも買い物をするときに複数の商品を比較検討すると思います。これが、競合店との代替品評価を行うということです。

代替品評価の結果、競合店にお客様を奪われることも多々あります。

そこで、**競合店を研究し、自店舗の強みをお客様にしっかりアピールするのが、マー**

ケティング戦略の基本です。

競合店の弱みをお客様に伝え、自店舗の商品の良さをアピールする。当然のことです。

しかし、お客様はどう思っているでしょう?

「この店員さん、自分のお店の良いところばかり話しているけど、本当だろうか? 他のお店のほうが優れている点があるんじゃないか?」

そんなことを思っていたりするものです。

◉あえて競合店をお勧めすることで信頼を得る

お客様は、ニーズを満たす、より良いもの、より安いもの、より価値あるものを購入したいものです。

そこで店長は、自店舗の商品やサービス以外に、地域の競合店の良さも調査し、把握しておきましょう。そして、お客様のニーズによって、**「当店の商品より競合店の商品のほうがマッチしているな」と思えば、あえてそちらを提案してみてください。**

他店舗の提案をされたお客様は、「この店員さんは私のことを本当に考えてくれているな。信頼できるな」と思い、お店やスタッフのファンになってくれるでしょう。44ページの、結婚式場の店長の事例が、まさにそうですね。

つまり、**競合店の強みも、お客様に良いお買い物、良い体験をしていただくための武器である**ということです。これは、自店舗の強みだけで勝負するより、かなり有利だと言えます。

さらには、紹介された競合店にも感謝され、逆にご紹介いただく良い関係を作ることにもつながります。「損して得取れ」ではありませんが、目先の売上ばかりを追うと、LTVを小さくしてしまいます。

お客様の広いニーズに応《こた》えられるよう、地域の競合店の強みをしっかり調査しておきましょう。

Point

時には競合店の商品を勧めることで、お客様からの信頼を得よう!

第5章

「売上を安定させる」仕組み

01 自店舗の売上構造を把握・分析する

「売上を安定させたい」というのは、すべての店長の願いだ。そのためにするべきことは、7つのポイントで売上構造を把握・分析し、対策を打つことだ。

⦿今のお客様の満足度を上げることを優先する

ＤＸ（デジタルトランスフォーメーション）という言葉をご存じですか？

ＤＸとは、「企業がビジネス環境の激しい変化に対応し、データとデジタル技術を活用して、顧客や社会のニーズを基に、製品やサービス、ビジネスモデルを変革するとともに、業務そのものや組織、プロセス、企業文化・風土を変革し、競争上の優位性を確立すること」（出典：経済産業省「ＤＸ推進ガイドライン」）とされています。

外出や接触を控えなければならない現在の社会環境下では、多くの企業の業績が悪化しており、ＤＸに大規模な投資をできる企業はごくわずかです。

店舗ビジネスでは、比較的簡単に始められるＤＸとして、ＥＣやデリバリーにシフトする企業も増えてきましたが、投入したエネルギー（費用・時間）に対して期待している効果を得られていないお店も多いと思います。

それはなぜか？　今までやっていなかったECやデリバリーはお客様の認知や信頼が低く、急に普及するのは難しいからです。少しずつ認知され、売上を伸ばしていくことはできると思いますが、一発逆転の必殺技にはなりえません。

それよりも、**現在利用してくださっているお客様の満足度が上がる客単価向上や来店頻度の向上に注力するべき**です。

そこで店長が最初にやるべきことが、自店舗の売上構造の把握・分析です。

◉把握・分析するべき7つのこと

店長が最低限把握・分析するべきことは次の7つです。簡単に解説していきます。

①ABC分析
②カテゴリー別売上分析
③Aランク商品と併買《へいばい》されているB・Cランク商品
④曜日別売上分析・天候別売上分析・季節別売上分析

⑤時間帯別売上・時間帯×客層別売上
⑥特殊要因別売上分析（イベント・セール）
⑦スタッフ別売上分析

①ABC分析

アイテムを売上に占める割合の高いものからランクづけし、特に占める割合の高いものを重点的に管理する手法です。

ランクはA・B・Cの3つに分けます。売上の構成比の累計が50％までの商品がAランク商品。51％以上90％以下の商品がBランク、91％～１００％までの商品がCランクです（業種により％の区切りは多少変動する）。

当然ながら、店長が注目すべきはAランク商品です。左ページの例では、上位2アイテムで売上の約50％を稼ぎ出しています。**Aランク商品は売上に対して最も貢献度が高いため、欠品しないように発注・在庫において最大限の注意が必要**となります。

Bランク商品の上位も、Aランク商品と同様に、発注・在庫に注意が必要です。

Bランク商品のなかでも伸び率（上昇率）が高い商品（Aランク候補）については、強くPRすることで、今後Aランク入りする可能性が高いと考えられます。

ABC分析

商品名	売価@	販売点数	売上額	売上構成比	構成比累計	ランク
商品A	800	3,500	2,800,000	27.2%	27.2%	A
商品B	1,500	1,550	2,325,000	22.6%	49.8%	A
商品C	1,000	1,500	1,500,000	14.6%	64.3%	B
商品D	1,200	600	720,000	7.0%	71.3%	B
商品E	600	1,100	660,000	6.4%	77.7%	B
商品F	1,200	500	600,000	5.8%	83.5%	B
商品G	400	1,050	420,000	4.1%	87.6%	B
商品H	800	450	360,000	3.5%	91.1%	C
商品I	600	350	210,000	2.0%	93.2%	C
商品J	900	200	180,000	1.7%	94.9%	C
商品K	400	400	160,000	1.6%	96.5%	C
商品L	400	350	140,000	1.4%	97.8%	C
商品M	200	400	80,000	0.8%	98.6%	C
商品N	200	400	80,000	0.8%	99.4%	C
商品O	200	200	40,000	0.4%	99.8%	C
商品P	500	50	25,000	0.2%	100.0%	C
	合計	12,600	10,300,000	100.0%		

②カテゴリー別売上分析

カテゴリー別売上は、**商品群ごとに売上構成比を分析する**ものです。

例えばコンビニエンスストアの場合、食品、飲料、菓子、タバコ、雑誌などのカテゴリーに商品を分けることができます。

売上構成は数値で見えるので、店舗の立地や商圏の特性としてどんな商品群が売れているかを把握し、それらを考慮して、発注や在庫管理だけでなく、ＶＭＤ（売り場作り・見せ方）や接客（どの商品をお勧めするかなど）に戦力的に取り組むことで、売り逃しを防ぐことができます。

オフィス立地のコンビニであればボトルコーヒーや新聞などの売り場を拡充する、学生が多い立地であれば菓子類の売り場を広くとる、といった具合です。

③Aランク商品と併買されているB・Cランク商品

ＡＢＣ分析をする際、Ａランク商品以外に、Ｂランク商品のなかで売上が伸びているものにも注目するべきだとお話ししました。

その他にも、Ａランク商品と一緒に購入されている確率の高いＢランク商品、またはＣランク商品にも注目してください。これらの商品から、お店側が気づいていないお客様の動向を読み取ることができます。

例えば、あるコンビニで、Aランク商品であるマスクの売り場作りや見せ方には注力していますが、Bランク商品であるミントタブレットにはあまり力を入れていなかったとします。

ところが、併買分析をすることで、ミントタブレットはマスクと一緒に買われていることがわかりました。そこで、マスクの売り場近くにミントタブレットを展開して、「マスクの匂いが気になる方へ」というPOPを掲示しました。

すると、どういったことが起こるでしょうか？　お客様の潜在的なニーズをキャッチして、ミントタブレットはAランク商品に昇格するでしょう。

このように、**Aランク商品と併買されている商品を分析することでお客様のニーズをキャッチし、売上を伸ばすことが可能になります。**

④曜日別売上分析・天候別売上分析・季節別売上分析

曜日によって売上が変動するお店は多いと思います。

オフィス街にあるお店は平日の売上が高く、土日の売上が低い。観光立地の場合は平日の売上が低く、土日の売上が高い。立地や商圏の特性によって、曜日ごとの売上は大きく変わります。

また、雨が降ると売上が下がる、逆に上がる、といったお店もあります。駅ナカ店舗や雨に濡れない立地にあるお店は雨に強く、そうでないお店は雨に弱い傾向があります。

その他、夏場は売上が高い、冬場は売上が低い、などといった特性もあると思います。

店長は自店舗の売れる時期をしっかりと認識し、売れるときにしっかり売ることに集中することが大事です。

売れない時期にエネルギーをかけても効果は低いものです。要は、魚がいないときに釣《つ》り竿《ざお》を増やしても釣れないということです。

売れるとき、魚がたくさんいる時期にたくさん釣り竿を出せるように、事前の準備が必要なのです。

⑤時間帯別売上・時間帯×客層別売上

同様に、売れる時間帯に在庫をしっかり準備しておくことも重要です。

朝のビジネス立地のコンビニで、サンドイッチやおにぎりが品薄なのは、致命的な機会損失です。夕方のスーパーで生鮮品が品薄になってしまうのも機会損失です。

このように、**1日のなかでも売れる時間帯に売れる商品を準備していなければ機会損失につながる**のです。

また、客層によって売れる時間帯が違う商品もあります。

例えば、デパ地下の惣菜店で富裕層のシニア世代をターゲットにした場合、早い時間帯に商品が動きます。夕方の混み合う時間帯を避けた富裕層シニアの専業主婦が買い物に来るのは午前中～午後3時くらいまでだからです。その時間帯に高価格帯商品を陳列することが大事になるということです。

⑥特殊要因別売上分析（イベント・セール）

お店が入っているショッピングモールや百貨店（セール期間・イベント・入っている映画館で上映される映画）、地域のイベント（花火大会・お祭り）などに大きな影響を受けるお店は、イベントスケジュールなどの把握が必要です。イベントカレンダーをこまめにチェックして機会損失のないように備えましょう。

⑦スタッフ別売上分析

小売業・サービス業の場合は、スタッフの個人別売上を分析することも可能です。単純に売上高、客単価、買い上げ点数などを測ることができますし、個人ごとのカテゴリー売上分析で得意・不得意を把握することもできます。

個人売上の低いスタッフに対しては、なぜ伸びないのか、原因を究明して指導しましょう。**売れる、売れないだけでは指導がしづらいので、売上につながるＫＰＩを決め、ターゲット設定することが必要**です。

ＫＰＩとはKey Performance Indicators（重要目標達成指標）のことで、目標達成に向けたプロセスにおける達成度を把握し、評価するための「中間目標」を指します。

例えば、ＫＰＩを購買意思決定までの段階ごとにチェックし（左のＫＰＩの例を参照）、弱い部分を具体的に強化することで販売力を向上させます。

次の6つをＫＰＩとして設定し、どの段階が弱いのかを把握したうえで徹底的に訓練しましょう。各ＫＰＩの目標については、ハイパフォーマーの成功率とスタッフ全員の平均の間で設定してみてください。

〈販売力を向上させるためのKPIの例〉

・アプローチ率：商品が気になったお客様に対して声掛けをどのくらいできているか
・顕在ニーズの聞き取り率：お客様の顕在的なニーズをどのくらい聞き出せているか
・潜在ニーズの聞き取り率：お客様の潜在的なニーズをどのくらい聞き出せているか
・提案率：お客様の潜在的なニーズを発見し、提案できているか
・見積もり率：お見積もりまで、どのくらいの確率で到達しているか
・受注率：お客様から予約や注文をどのくらいいただけているか

以上の①〜⑦の数値分析を行うことで、効率良く、そして弱い部分を克服して、売上向上につなげましょう。

Point

数値分析を行って弱点を克服し、効率良く売上を安定させよう！

02 3C分析でマーケティング戦略を見直す

売上安定のためには、マーケティングの戦略も見直そう。マーケティングは基本的なことだが、戦略を見誤っているために売上につながっていないお店が数多くある。

⊙マーケティングの3C

商売を成功に導くために必要なことは、まずマーケティングの戦略を誤らないこと。そして、マーケティングで獲得したお客様を大切にし、ファン化することです（マネジメント）。

スタートはマーケティングの戦略になるわけですが、そもそもマーケティングとはいったい何なのでしょうか？

マーケティングとは、平たく言うと、「売れる仕組み」「集客の仕掛け作り」です。お客様がお店に行きたくなるような仕組みや仕掛けをいかに作るかがマーケティングです。お客様の興味をそそり、強い来店動機を喚起できれば、マーケティングは成功です。あとは、来ていただいたお客様に不満を与えず、お店を好きになってもらえるようにマネジメントしていけば、お店は安泰なのです。

しかし、継続的にお客様の購買意欲を高め続けることは簡単ではありません。商品・サービスの品質、価格など、お客様の支持を得続ける戦略が必要になります。お客様にはお店や商品を選ぶ選択権があります。ですから、競合店に比べた優位性を常に保つ必要があります。

そのために行うのが、一般的に言う「3C分析」です。

マーケティングは、まず3C分析の深掘りから始めます。

3Cとは、Customer（顧客）、Competitor（競合）、Company（自社）のことです。

Customer（顧客）：自社・自店舗の主要顧客（メインターゲット）は誰か？（自社・自店舗の商品を必要としている、品質を理解してくれるお客様は誰か？）

Competitor（競合）：自店舗の主要顧客を狙っているライバル、自店舗の顧客候補が使っているお店はどこか？
Company（自社）：競合店に対する自社・自店舗の強み、優位性は何か？

この3点をはっきりさせることで戦略の骨子が決まります。

この3点を曖昧にしていると戦略がぶれてしまい、結果的に競合他社に顧客を奪われることになります。

◉3C分析を恋愛に置き換えて考える

3C分析は、あまり難しく考えず、恋愛に置き換えてみるといいと思います。

例えば、あなたは友人の知人であるAさんにひと目惚れをしました。知っているのは名前くらいです。何とかお付き合いできないかと考えます。

そこで友人にAさんのことをいろいろと教えてもらおうと思いました。友人に相談したところ、その友人は「それだったら3つまでAさんのことについて答えてあげる」と言いました。何を尋ねれば恋愛成就の確率が高まると思いますか？

私なら、次のことを聞きます。

①Aさんの好きなタイプ（見た目・性格）
②Aさんに恋人がいるかどうか
③－1 Aさんに恋人がいない場合 →恋人に最も求めること（見た目・性格・お金など）
③－2 Aさんに恋人がいる場合 →今の恋人に対する不満

恋人がいるかいないかで3つ目の質問を変えます。いなければ、Aさんのタイプや求めることに応《こた》えるよう努力する。いれば、Aさんが恋人に対して持っている不満を解消できるというアピールをします。

これらの質問は、ちょうど3C分析に当てはまります。①は「顧客」を知ることに、②は「競合の設定」に相当しますし、③－1は「自社」（自らの強み・優位性）を知ることに、③－2は「競合」（弱み・攻め所）を知ることに相当します。

こう考えてみれば、3C分析はそんなに難しいものではないはずです。

Customer（顧客）については、自社・自店舗のターゲットとなる主要な顧客（商品やサービスを購入してくれそうな人）は誰なのかを考えます。

具体的には年齢、性別、職業、家族構成、趣味・嗜好、所得、ライフスタイル（休日の過ごし方）、よく読む雑誌や本、よく見るテレビ番組や動画チャンネルなど、細かく検討することが重要です。

「このターゲットは商品やサービスを購入する際に何を最も重視しているのか？」を考えましょう。

Competitor（競合）は、自店舗のターゲットである主要顧客を狙っている競合店です。競合店も、顧客に選ばれるよう、顧客のニーズに応えられるよう、さまざまな努力をしています。**「競合店は、何が強みでお客様に選ばれているのか？」「逆に、お客様に対して満足を与えられていないもの（弱み）は何か？」**といった点を考えます。

Company（自社）については、**「ターゲットのニーズに対して競合店より優位性のあるもの、独自性のあるものは何か？」**を考えましょう。それをはっきりさせ、ターゲットが認知できるようにアピールします。

⦿競合店の設定にはお客様の声も重要

3C分析は季節や出来事により定期的に見直す必要があります。

特に昨今は、新型コロナウイルスの感染拡大に代表されるように、外部環境が大きく変動しています。ＥＣやデリバリーによって、競合店が近隣の同業他社だけではなくなっています。

重要なことは、競合店の設定を間違えないことです。ライバルを見誤ると、当然ですが、的はずれな戦略になるからです。

商圏内だけではなく、ネットを活用して、広く競合店をリサーチしましょう。調べるときは、お客様の思考になって「自分だったらどんな方法でお店を探すか？」という視点で考えるとともに、実際にお店に来てくださっているお客様に、直接、「当店がお休みのときはどちらを利用されますか？」「当店の他にお気に入りのお店はどこですか？」などと聞いてみることも大切です。**よく来てくださるお客様の声からは、リサーチだけでは浮かび上がってこない真の競合店が見えてくる**ものです。

競合店には定期的に訪問し、お客様に対してどのようなアプローチをしているかチェックすることで、自店舗の戦略に活かしましょう。

次に３Ｃ分析のためのシートを２種類掲載したので、実際に分析してみてください。

◇自店舗・競合店の強み・弱み要素（例）

・ブランド力（知名度）

・接客応対力（感じの良さ、スピード）

・商品知識（提案力）

・売場（面積、席数、VMD、清潔、香り、設備）

・品揃え（アイテム数、バリエーション）

・品質（質、ボリューム、機能）

・価格（品質に対してのコスパ）

・利便性（見え掛かり、行きやすさ）

・その他サービス（ポイント、割引、特典など）

競合店

お客さまのニーズを満たす強み（独自性・優位性）

⑴

⑵

⑶

お客さまの不満を招く恐れのある課題（弱み）

⑴

⑵

3C分析シート

店舗名

氏名

競合店名

主要のお客さま

性別：男性（　　歳代）・女性（　　歳代）・他（　　　）

職業：

特徴：

ニーズ(1)

ニーズ(2)

ニーズ(3)

自店舗

お客さまにお伝えする自店舗の強み（独自性・優位性）

(1)

(2)

(3)

お客さまの不満を招く恐れのある課題（弱み）

(1)

(2)

Point

3C分析はマーケティングの基本。
競合店の設定には特に注意。

時間帯別3C分析シート

食品事業本部｜　第1　第2　店舗名｜　　　　　店長氏名｜

時間帯		朝	昼	夜
主要顧客	主要客層1			
	売れ筋商品			
	売れ筋商品			
	売れ筋商品			
	主要客層2			
	売れ筋商品			
	売れ筋商品			
	売れ筋商品			

競合店　店舗名	
競合店　店舗名	

03 4P戦略で自店舗の強みをお客様に伝える

3C分析ができたら、それをもとに4P戦略を立てる。そして、お客様に競合店よりも自店舗が優れている点を確実に伝えていく。

⦿小型店でも商品展開で勝負できる

3C分析によって、お客様のニーズ、競合店の強み・弱み、自店舗の強み・独自性を見出したら、「4P戦略」で、それをお客様にはっきり伝えましょう。

4Pとは、「製品（Product）」「価格（Price）」「流通（Place）」「プロモーション（Promotion）」のことです。

「製品」は、お客様のニーズを満たす、または期待を超える、商品やサービスそのものです。飲食店であればフードやドリンク、小売店であれば商品、サービス業であれば提供するサービスです。

当然、「商品の品揃え」も、お客様に選ばれるキーワードになります。とはいえ、小型店だと、たくさんの商品を並べることは困難です。その場合は**一部のカテゴリーや商品に絞《しぼ》った商品展開をすることで専門性を強く打ち出せます。**

例えば、大型のスーパーマーケットが近隣にある小さな食料品店は、品揃えでは太刀《たち》打《う》ちできません。しかし、ある一部のアイテムだけ、スーパーに勝ることは可能です。梅干しだけに特化した食品店、納豆の品揃えがスーパーを圧倒する食品店などです。

スーパーでは取り扱っていないようなこだわりの逸品、お客様が初めて見るような珍しい逸品を並べたり、それらの商品の美味しい調理法や食べ方のアレンジを提案したりと、小型店でも品揃えの戦い方はあるのです。

◉価格はお店の総合力が問われている

「価格」は、商品やサービスの価格です。

当然、競合店の取り扱う同等の商品に比べて価格が安いほうが有利です。

ただし、価格は安ければいいというものではありません。ブランド品や贈答品は安いものより高いものが好まれます。

また、**価格は「商品＋店舗環境（立地・設え《しつら》・雰囲気）＋接客応対」の総合力**です。同じ商品を買う場合でも、百貨店とディスカウントストアでは価格が違うのは、お客様も納得がいくものです。商品と価格のバランスによって、競合店に対する優位性を持つことが重要です。

⦿流通は「商品供給」と「お店の見せ方」がポイント

店舗の場合の「流通」のポイントは、①商品供給と②立地（見え掛かり）です。

①商品供給

お客様の欲しい商品が、欠品なく、売り場に並んでいるようにしましょう。

発注サイクル（発注してから何日で届くのか、1日何回届くのか、週に何回届くのか）を把握し、売上の状況を見ながら発注の精度を上げます。

②立地（見え掛かり）

立地は、お店の場所そのものです。例えば、路面店1F角地、ショッピングセンター2Fエスカレーターを上がった正面、などです。

立地そのものを店長の権限で変えることはさすがに難しいですが、見せ方を変えることは可能です。

簡単に言えば、**お客様にお店があることを認知してもらえるように、目立つ演出をするのです。**看板やのぼりを設置する、ガラス張りにして店内が見えるようにする、店頭に什器《じゅうき》を出して目立つようにするなど、お客様に「ここには○○を取り扱っているお店があります」とアピールしましょう。

自店舗がお客様の目にどのように映《うつ》っているのか、一度、写真や動画を使って確認してみてください。撮影する場所は、多くのお客様が通る導線、お客様が滞留する交差点や駅の出口などです。

⦿プロモーションは新規・既存どちらの顧客にも

「プロモーション」は、お客様に店舗や取扱商品を知ってもらうための活動です。

お金をかければテレビや新聞、雑誌などで大規模なプロモーションを行うことが可能です。しかし、大企業でもない限り、マスメディアを使ったプロモーションは難しいでしょう。

そこで、インターネットのポータルサイトや自社のホームページ・SNSを活用したり、お店の近くでチラシを配ったり、来ていただいたお客様に次回の割引券を配ったりしてお店をPRしましょう。

店舗ビジネスの場合は、**新規のお客様を獲得する際のプロモーションとリピートや紹介を促《うなが》すプロモーションの両方に注力する**ことが必要となります。

それぞれ、次の例を参考にしてみてください。

〈新規顧客獲得のためのプロモーションの例〉

・自店舗のホームページ（検索されやすいようなSEO対策が必要）
・ポータルサイト（食べログ・エキテンなど）への登録
・ECサイト（アマゾン・ウーバーイーツ・楽天市場など）の活用
・SNS（ツイッター・インスタグラム・フェイスブック・アメブロなど）
・看板・のぼり・ポスター
・チラシの配布（手配り・ポスティングなど）
・店頭での声掛け
・店頭でのイベント
・紹介カード
・地域活動への参加（地域ボランティア・お祭りへの出展など）

〈既存顧客リピートのためのプロモーションの例〉

・ポイントカード
・次回使える割引サービス

・DM（セール・新商品・先行販売の案内など）
・親切・丁寧・専門的な接客応対
・売り場作り（新しい商品・コーナー作りなど。ワクワク感を演出する）
・店舗環境（居心地の良さ・高級感・お洒落《しゃれ》さ・広さ）
・入りやすく停めやすい駐車場・駐輪場
・便利なサービス（お試し・配達・交換・オンライン注文など）

このように、**3C分析によって明らかにしたお客様のニーズや競合店の強み・弱みに対して、自店舗の強みを4P戦略で展開します。**

お客様の選択の余地がなくなるくらいの戦略を立てられれば、お店は繁盛し続けます。

次ページのシートを使って、実際に戦略を考えてみましょう。

Point

4P戦略で自店舗の強みを積極的に展開していこう！

競合店名(1)	競合店名(2)
競合(1)の強み	競合(2)の強み

4P戦略シート(マーケティング・ミックス)

	自店舗	
	当社・自店舗の強み	
商品 Product		
価格 Price		
物流・立地 Place		
販売促進 Promotion		

04 PEST分析で外部環境の影響を把握する

新型コロナウイルスの感染拡大という外部環境の変化により、店舗ビジネスは大きな影響を受けた。外部環境がどういった影響を自店舗に与えるのか、PEST分析で考えておこう。

◉政治・経済・社会・技術の面から考える

3C分析、4P戦略に加え、マーケティング戦略を考える際にもう1つ考慮しておかなければならないのが、外部環境です。

2020年にパンデミックを起こした新型コロナウイルスに代表されるように、外部環境によってお客様のニーズは大きく変わります。

お店も、お客様のニーズの変化に応じて、戦略を見直す必要があります。できることなら、後手《ごて》ではなく、先手で戦略を打てるようにしたいところです。

外部環境を見るときには「PEST分析」を用います。

PESTとは、次の4つの単語の頭文字をとったものです。それぞれ、プラスとなる機会にはどんなものがあるか、反対に脅威となるのはどんなことか、両方を考えていきましょう。

・P＝Politics（政治面）

特に影響が大きいのは法規制です。

コロナ禍では緊急事態宣言によって店舗ビジネスは大きな打撃を受けました。

一方で、助成金や補助金など、プラスのものもあります。

・E＝Economy（経済面）

景気や物価などです。

特に注視しておくべき景気指標は、消費支出や小売販売額、現金給与総額、失業率などです。これらの指標は確定値が出るまでに時間がかかりますので、推移を見たり、ニュースで経済の状況を見たりしながら、予測しておくことが大事です。

・S＝Society（社会・ライフスタイル面）

人口動態や自然環境、流行などです。**特に影響が出るのは人口動態と流行**です。

人口動態については、店舗がある商圏の人口が減っているのか増えているのか、昼間と夜間の人口の状況（流入・流出）はどうか、そして、年齢別人口構成比、最寄り駅の乗降客数の増減、地域の大型の建物の建設または解体などに注目してください。

流行の部分では、コロナ禍においてはマスクやアルコール消毒液などのコロナ対策グッズやお家消費グッズなどが飛躍的に売上を伸ばしました。また、2020年に公開された映画『劇場版「鬼滅の刃」無限列車編』は歴代最高興収を記録し、映画館の入っている商業施設や関連グッズは大幅に売上を伸ばしています。

その他、SNSで流行っているもの、インフルエンサーが使っているものやその類似品も売れ行きが大きく伸びます。自分は興味がないものでも、流行っているものや事象については感心を持ち、普段からリサーチしておく必要があります。

・T＝Technology（技術面）

ITなどの新技術です。

新型コロナウイルスの影響で、非接触に関する技術が飛躍的に進化しました。オーダーエントリーシステムやセルフレジ、キャッシュレス決済などが一気に普及したことは、皆さんも実感されていることと思います。

また、テレワークが推進され、オンラインツールの利便性が大いに高まっています。

進化するテクノロジーを自社・自店舗に取り入れることで効率や安全性が高まり、お客様からの支持にもつながっていきます。

◉異業種のお店も見て参考にする

このように、マーケティングにおいて外部環境分析は、3C、4Pの決定に必ず影響をおよぼします。普段から新聞や専門誌などで情報を収集しておくことが大切です。

次ページにPEST分析に使用するシートを載せました。これまで紹介したシートとともに、ぜひ活用してほしいと思います。

繁盛しているお店、最近話題のお店は、必ず3Cと4P、さらに外部環境をうまく捉えていますので、異業種でも見に行くようにしてください。多くのヒントを得ることができるはずです。

	社会 Society	技術 Technology

Point

店舗ビジネスに影響を与える外部環境に敏感になろう！

外部環境分析（PEST）

	政治 Politics	経済 Economy
機会 Opportunities		
脅威 Threats		

第6章

「適正利益を確保する」仕組み

01 経営者の意識で利益に向き合う

第6章では、適正利益確保のために店長が必ずやるべきことを取り上げる。基本的な会計の知識に乏しい店長は、利益に対しての意識が低く、店舗の業績もふるわない。「できる店長」に会計の知識は必須だ。

⦿利益に対する意識の高い店長を経営者は信頼する

皆さんは、経営者の意識で店舗経営を行っているでしょうか？ **経営者は誰よりも利益に敏感です。**なぜなら、経営者は大きな責任とリスクを背負っているからです。

まずは、従業員とその家族の生活です。会社が倒産すれば従業員の生活を守れなくなります。そして、お取引先様にご迷惑をおかけすることになる可能性もあるでしょう。

さらに、お店を支持してくれたお客様に対してもご迷惑がかかります。社会的にも、税金を納めることができなくなります。経営者個人としても、借入金の保証分を個人で返さなければならないことに……。このように、利益が出ず、お店が赤字に陥《おちい》ると、いずれ多くの悲劇に見舞われる可能性があるのです。そうならないためにも、経営者は日頃から売上や利益に対して厳しくしなければなりません。

「店長は利益に対する意識が低い」と感じている経営者は多くいます。「自分のお金じゃないから意識が低いんだ！」と思っているようです。

確かに、店長は自分のお財布から人件費や水光熱費を支払うわけではないので、経営者ほどの意識を持ちづらいと思います。

お店にどのくらいの投資をしているか、わかりますか？

お店の在庫は現金にするといくら分あるか、知っていますか？

求人広告の費用はいくらですか？　それをあなたが立て替えることはできますか？

きっと自分のことなら答えられると思います。お店で使うお金も、自分のお財布から出ていると思ってください。そう意識することで、無駄のないよう細心の注意を払った店舗経営ができると思います。そんな経費感覚を持った店長を経営者は信頼します。

Point

自分の財布から出ていくような経費感覚を持とう！

02 店舗の収支構造を理解する

利益は多ければ多いほうがいいと考えるかもしれないが、そのために経費を削りすぎてはいけない。適正な利益を確保することが重要だ。

⦿経費を削りすぎるとお客様も従業員も逃げていく

「適正利益」の「適正」とは、お店、お客様、従業員、お取引先様と、それぞれが見合った利益を享受《きょうじゅ》し合うことです。**お店だけが良くて、お客様や従業員、お取引先様が良くなければ、事業の継続は難しい**ものです。

利益を増やすために経費を削ることに集中すると、経費のうち大きな割合を占める売上原価や人件費を削ることになります。無理に売上原価を削ればお客様の不満を招き、再来店していただけなくなるでしょう。また、無理に人件費を削れば従業員の不満を招き、離職につながります。そうなればお店の営業自体が困難になります。

そうならないために、適正利益を得るための各種指標が必要になります。店長は、指標に基づいて経費をコントロールすることで、適正な利益を出すことができるようになります。

第6章を通じて、さまざまな指標や、経費から利益を生み出す算出方法についてお伝えしていきます。数字が苦手な店長も、ここをクリアしなければ「できる店長」にはなれません。難しいことではありませんのでしっかり学んでいきましょう。

⦿損益計算書の全体構成を把握する

適正利益を算出するうえで、損益計算書の正しい理解は必要不可欠です。

損益計算書とは、一定の会計期間（通常は1年間）を区切って、その間の経営成績を示す計算書です。

店長は、損益計算書の構造や勘定科目など、一つひとつをよく見るようにしてください。

損益計算書はそんなに難しいものではありません。家計で考えると家計簿レベルの簡単なものです。

ただ、いくつか注意して見ておくべきことがありますので、解説していきます。

損益計算書の構造は、簡単に表すと**【売上】－【経費】＝【利益】**です。

図解すると、左ページのようになります。

利益を上げるには、売上を増やすか、経費を減らす、またはその両方が必要です。

適正利益に到達するためには、売上をもっと増やさなければならないのか、経費を調整しなければならないのか、またはその両方か、店長として損益計算書から判断しなければなりません。

◉「5つの利益」を理解する

損益計算書を図解するとシンプルな構造なのですが、実際の損益計算書の中身をもう少し細かく見ていきましょう。

損益計算書には「5つの利益」が存在します。店長として、どの利益に対して責任を

損益計算書の基本的な構造

「売上－経費＝利益」の場合

「売上－経費＝損失」の場合

持たなければならないのか、責任を持つべき利益に対してどんな行動が起こせるかを見ていきましょう。

①売上総利益（粗利益）

売上から、売上を作るために必要な売上原価を差し引いたもので、その他の支払いの源泉、つまり、使えるお金です。**企業が提供する製品やサービスそのものが稼ぎ出す収益**とも言えます。

②営業利益

売上総利益から営業に関わる経費（人件費や家賃など）を差し引いた、**お店の営業活動の成果として得られる利益**です。

③経常利益

営業利益から、営業外で得られる収益（社宅の家賃・金利など）と営業外でかかる費用（開業費・支払利息など）を足し引きしたものです。会社やお店の経常的な活動によって出入りするお金をカウントして算出します。

通常、お店の状態はこの経常利益で測るため、本来の経営成績を示す最終結果と言えるものです。

④税引前当期純利益

経常利益から、経常的な活動以外で発生した利益（＝特別利益／固定資産売却益・投資有価証券売却益など）と費用（＝特別損失／固定資産廃棄損・投資有価証券売却損など）を足し引きしたもので、**法人税などの対象になる利益**です。

特別利益や特別損失は臨時的に発生するもので、例えば、土地などの資産を売却して得たお金や、店舗の退店や改装によって失った資産をカウントしたものです。

⑤当期純利益

税引前当期純利益から法人税など（法人税＋法人住民税＋法人事業税）を差し引

損益計算書の「5つの利益」

	売上高
－	売上原価
	①売上総利益
－	販売費及び一般管理費
	②営業利益
＋	営業外収益
－	営業外費用
	③経常利益
＋	特別利益
－	特別損失
	④税引前当期純利益
－	法人税等
	⑤当期純利益

き、**帳簿上、最終的にお店に残る利益**です。

⦿営業利益の適正化が重要

店長が注視すべき利益は、このなかでも「②営業利益」です。店長はお店の営業活動で得られる利益をいかに適正化するかに注力しなければなりません。

もちろん、③〜⑤の利益も意識するべきですが、オーナー店長でなければコントロールができない領域になる場合が多いのが現実です。

とはいえ、税率を認識しておく必要はあります。税引前当期純利益に対して、おおむね40％程度の税金がかかると認識しておきましょう。

また、**当期純利益と実際の現金（キャッシュ）の動きは異なります。**売上原価の仕組み、借り入れの返済、減価償却などが、キャッシュの動きには影響してきます。

例えば減価償却について言うと、キャッシュは資産を取得したときに一括して出ていきますが、経費計上はその資産の耐用年数の間、分割して行います。ですから、当期純利益を計算する際に引いた経費は、実は、キャッシュとしてはそれ以前に出ていってしまっており、その会計期間に動いているわけではないのです。

経営者が特に注視しているのはキャッシュです。損益計算書をよく理解したうえで、キャッシュがどんな状態になっているのかを把握してこそ、経営者の代行者と言えます。

そのためにも、店長は基本的な会計の知識を習得しておく必要があるのです。

Point

店長は「営業利益」の適正化に力を入れよう!

03 変動費を明らかにし、基準を設ける

経費のうち、店長が意識するべきは、固定費ではなく「3つの変動費」。これを適正化する仕組みを作り、コントロールしよう。

⦿「3つの変動費」に注目する

営業利益を適正に稼ぎ出すためには、売上の最大化と経費の適正化が求められます。経費とひと言で言っても、お店を運営するには多くの経費がかかりますから、それぞれの経費の内容、金額、比率を捉え、コントロールしていかなければなりません。

損益計算書上では「経費＝売上原価と販売費及び一般管理費」と整理されていますが、**実際の店舗運営では、営業にかかるすべての経費を変動費と固定費に分けて考えなければなりません。**

固定費は、売上高の増加や減少に関係なくかかる費用です。例えば、社員人件費、固

変動費と固定費の違い

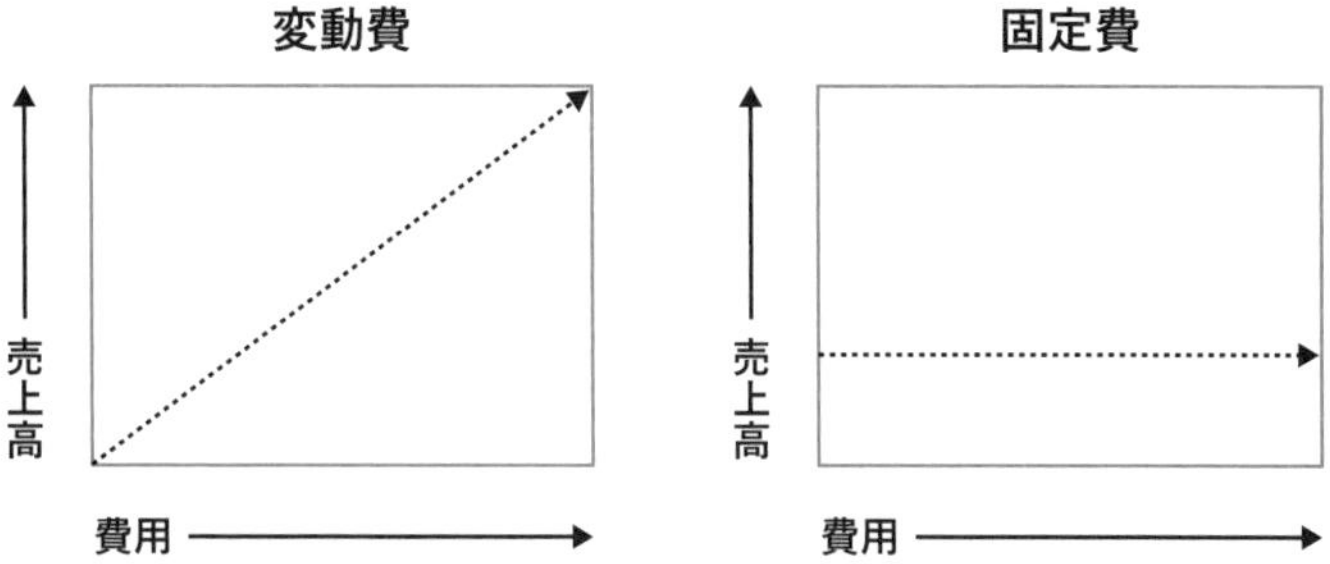

定された家賃、減価償却費などです。

変動費は、売上高の増減によって増減する費用。売上が増えるに伴って増える費用です。売上原価、水光熱費、消耗品費、アルバイト人件費などがそうです。

図でイメージすると、それぞれ上のようになります。

店長の権限で固定費を変えるのは難しいものです。

一方、変動費は店長がコントロールできるものが多い。**売上原価、アルバイトの人件費、水光熱費は、店長がコントロールするべき経費の代表格です。**

それぞれをどうやって適正化するといいのか、解説していきましょう。

⦿商品の廃棄や値引き販売をなくす

売上原価は、飲食業では20～50％程度を占める、大きな経費です。よって、売上原価のコントロールが利《き》いていない、管理が杜撰《ずさん》なお店では、適正利益を上げることができません。

売上原価は1％単位で細かく見ていかなければなりません。

そもそも売上原価とは、商品を仕入れるときや製造・加工するときにかかる経費で、商品が売れたときに計上されるものです。実際に使用した分だけが計上される仕組みなのです。

ポイントは「売れたときに計上される」ということです。

つまり、売れなければ、カウントされません。よって、在庫過多になったところで、売上原価に影響は出ません。在庫を廃棄したり、値引きで販売したりしたときに、初めて影響が出ます。

売上原価の計算式は次の通りです。図解すると左ページの図のようになります。

売上原価＝期首商品棚卸《たなおろし》高＋期中商品仕入高－期末商品棚卸高

売上原価を適正化する第一歩は、ロス（廃棄）や値引きを防ぐことです。

廃棄をすると、図の右側の期末商品棚卸高が少なくなります。すると、売上原価が上がりますから、結果として、売上総利益（粗利益）を減らしてしまいます。

そのため、まず取り組むべきことは、ロスの徹底防止です。

売上原価とは？

消費期限のあるものやシーズンものなど、売れる期間が限定されるものは発注の調整が重要です。過去や直近の売上実績、売上構成比、曜日別売上などを見ながら適正発注を行い、ロス防止に努めましょう。

とはいえ、ＡＢＣ分析でＡランク商品の場合、欠品が、即、機会損失になります。天候やセール、イベントなどの特殊要因も加味して調整しましょう。店長の発注スキルは業績に大きな影響をおよぼします。

値引きも売上原価を上昇させ、本来得られた売上総利益を減らす要因になります。

廃棄よりはダメージが少ないからと言って、値引きが常態化してしまってはいけません。

値引きばかりしていては、お客様からも安売りのお店という印象を持たれ、定価販売が苦しくなります。魅力的な売り場作り、POP、併売《へいばい》の工夫、接客などで定価販売にこだわり、売り切ることに注力してください。

⊙人件費は使いすぎても使わなさすぎてもダメ

第2章でもお話ししましたが、**人件費（アルバイトの給与や社員の残業代といった変動人件費）の使いすぎは、直接、営業利益にダメージを与えます。**

一方、使わなさすぎても、お客様をお待たせして機会損失につながったり、従業員が忙しすぎて無愛想になったり、疲れて退職につながったりしますので、細心の注意を払わなければなりません。

売上が厳しく、どうしても人件費を切り詰めなければならないとき、店長がまずやるべきことは、作業の棚卸しと整理で効率化を図ったり、スタッフの得意・不得意に合わせて作業を割り当てたり、作業を外注化したりすることを検討することです。第2章で詳しくお話ししていますので、読み返してみてください。

◉水光熱費は売上比率で記録・チェックする

水光熱費も経費のなかで馬鹿にできないウエイトを占めています。

お客様が心地良くお過ごしいただける環境、従業員に過度に負荷を欠けない環境作りのために、使うべきところにはしっかり使ってください。

しかし、もちろん無駄はダメです。スイッチパネルにオン／オフの時間の表示を貼りつけるなどして、無駄のないようにしましょう。

また、水光熱費が異常値（売上に対して過度に跳ね上がっている）を示したときは調査が必要です。水道代の場合であれば水漏れを疑う必要がありますし、電気についても消費の激しい器具を使用していないかなどを調べてください。毎月、水道代、電気代、ガス代を売上比率で記録・チェックしていれば、すぐに異常に気づけるものです。

Point

3つの変動費をしっかりコントロールし、適正化に努めよう！

04

損益分岐点売上高と限界利益率から日別目標を立てる

損益分岐点売上高と限界利益率について、苦手意識を持っている店長も多いかもしれない。しかし、適正な利益を確保し、お店を赤字にしないために、非常に重要な指標だ。

⦿1日いくら売れば黒字になるかを知っておく

皆さんは、自店舗の損益分岐点売上高、限界利益率を把握して、売上計画・日別目標を立てるのに活用していますか？

適正な営業利益を得るためには1日いくら売らなければならないのか、毎月何日までに黒字ライン（損益分岐点売上高）に到達しなければならないか、知っていますか？

また、利益目標に到達していない場合、必要な利益に対して売上をいくら追加して上げないといけないのか、赤字を脱却するためにいくらの売上を追加しなければならないのか、知っていますか？

もし知らないようであれば、「できる店長」とは言えません。すぐに算出し、計画を立てましょう。

◉損益分岐点売上高を正しく理解する

損益分岐点売上高とは、お店が赤字にも黒字にもならない、経費と一致する売上高のことです。損益分岐点売上高を超えれば黒字になり、下回れば赤字になるということです。**損益分岐点売上高を下回ること＝お店を存続できなくなる**、という、生命線でもあります。

まずは、この生命線である損益分岐点売上高を算出してみましょう。

計算方法は簡単ですが、構造を理解することが重要です。

【売上】＝（【変動費】＋【固定費】）＋【利益】です。

変動費は、売上に正比例して、必ずかかる経費です。次ページの円グラフの例では、売上が100万円で変動費が60万円（変動費率が60％）ですから、100円の商品が売れれば、必ず60円が変動費としてかかるということです。

例 売上高の内訳(単位:円)

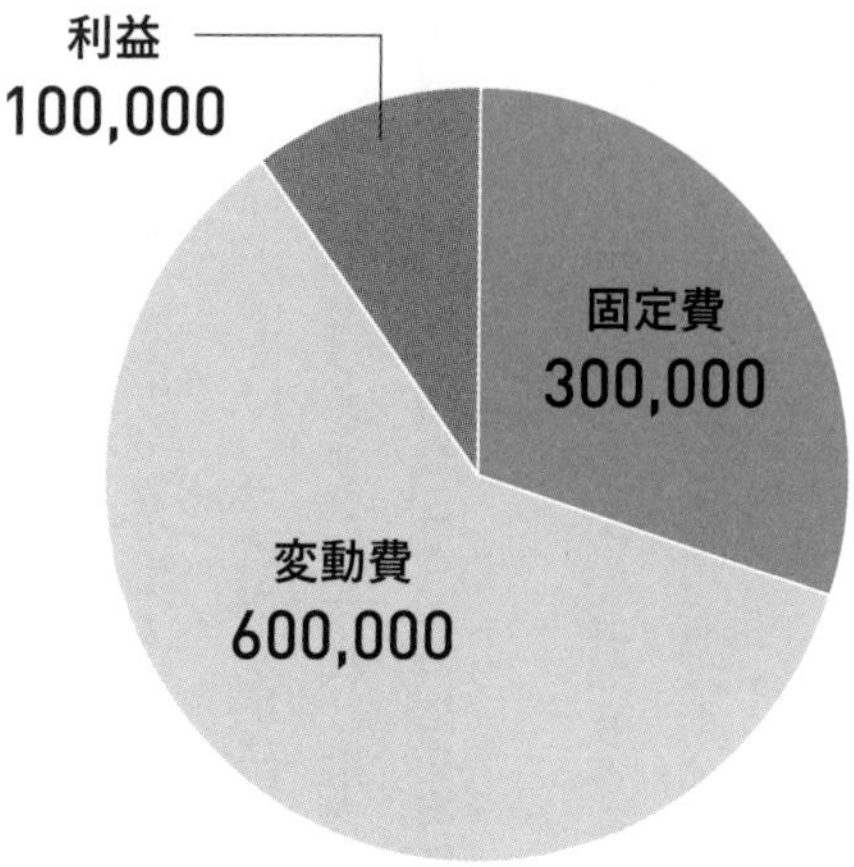

よって、固定費の回収に回せるのは、残りの40円だけです。100円の商品が売れたからといって、100円全額を固定費の回収に回せるわけではなく、40%しか回せないのです。

では、30万円の固定費をすべて回収するためには、いくらの売上が必要でしょうか? それは、次の式で計算できます。

30万円÷0・4=75万円

75万円の売上があれば、固定費をすべて回収できるということです。この75万円が、この例における損益分岐点売上高です。

損益分岐点

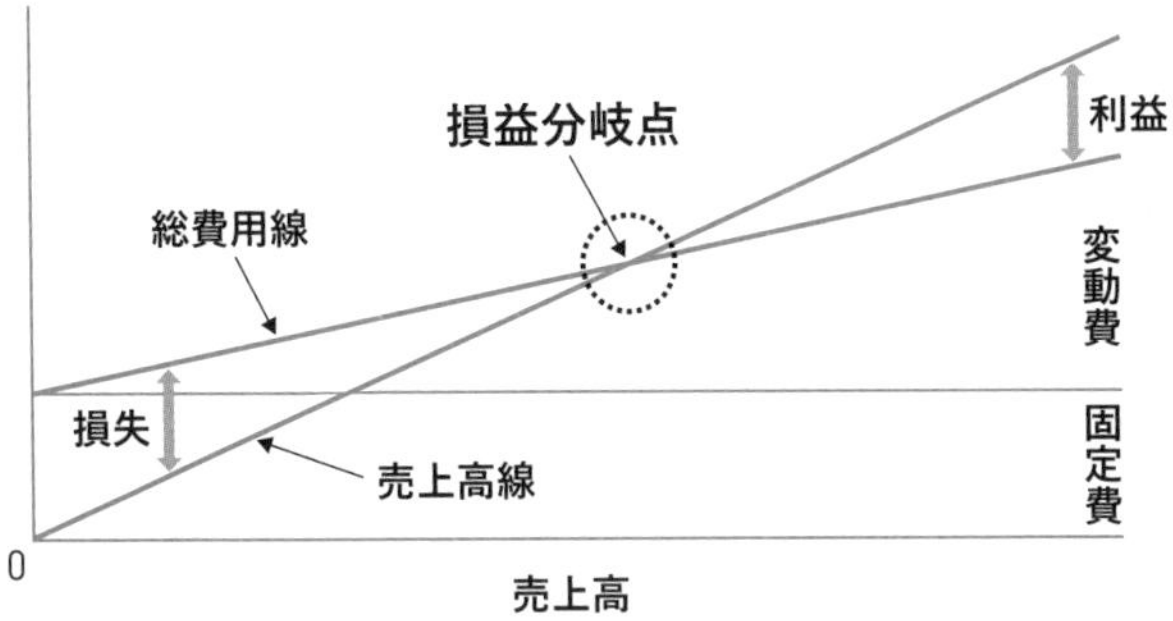

損益分岐点売上高 ＝ 固定費合計 ／ 1－変動費率（変動費合計÷売上高）

話を整理すると、

【損益分岐点売上高】＝【固定費】÷【1－変動費率】

となります。図解で見ると上の図のようになります。

⦿変動費と固定費を切り分ける

ですから、損益分岐点を算出する第1ステップは、自店舗の損益計算書の費用部分を変動費と固定費に切り分けることになります。

次に、変動費が売上に占める割合（変動費率）を算出し、最後に固定費の合計を「1－変動費率」で割るだけです。

ご自身の店舗の損益計算書をよく見て、変動費と固定費の切り分けをし、わからない部分については経理担当者に確認してください。

イメージを左ページに表で示しましたので参考にしてください。

この例のお店の損益分岐点売上高は月719万8000円です。1ヶ月を30日とした場合、1日あたり平均24万円以上売らなければ赤字が確定です。

皆さんご自身のお店の損益分岐点売上高を算出して、赤字になる、または利益目標に到達しないようであれば、売上アップや経費コントロールが必要な状態です。どのように売上を上げるか、経費をコントロールするか、具体的な計画を立て、実行に移しましょう。

⦿限界利益率を正しく理解する

損益分岐点売上を算出する際に「1－変動費率」という計算を行いました。この**「1**

損益分岐点売上高の計算の例

勘定科目	金額（千円）	構成比	変動	固定
売上高	10,000	100.00%	-	-
売上原価	4,600	46.00%	○	
売上総利益	5,400	54.00%	-	-
報酬給与	900	9.00%		○
派遣社員	100	1.00%	○	
雑給	800	8.00%	○	
賞与	200	2.00%		○
法定福利費	250	2.50%		○
福利厚生費	20	0.20%	○	
[人件費]	2,270	22.70%	-	-
地代家賃	1,400	14.00%		○
減価償却	100	1.00%		○
修繕補修	100	1.00%		○
消耗品費	200	2.00%	○	
販促費	10	0.10%		○
運送費	20	0.20%	○	
水光熱費	30	0.30%	○	
衛生費	20	0.20%		○
その他経費	90	0.90%	○	
販売管理費計	4,240	42.40%	-	-
営業利益	1,160	11.60%	-	-

売上高	10,000	
固定費合計	2,980	
変動費合計	5,860	
変動費率	0.586	（変動費合計5,860÷売上10,000）
限界利益率	0.414	（1－変動費率0.586）
損益分岐点売上高	7,198	（固定費2,980÷限界利益率0.414）
赤字にならないために必要な1日の売上高	240	（損益分岐点売上高7,198÷30日）

―変動費率」のことを「限界利益率」と言います。「できる店長」として把握しておくべき重要な指標です。

100円のパンを作るのに30円の原価と5円の水光熱費、5円の包材代が必ずかかる（変動費）としたら、このパンが1個売れたときの利益は最大でも60円です。これが限界の利益なので、これを限界利益と呼び、限界利益率は60％ということになります。

売上が上がれば上がっただけ変動費がかかるので、売上から変動費を差し引いた以上に利益を出すことは不可能だという意味です。

⦿限界利益率から売上の積み増しを計画する

さて、この限界利益率、どんなシーンで用いるかと言うと、**利益予算に対してマイナスが発生したとき、いくらの売上でマイナス分をカバーできるかを算出するときに使います。**

例えば、限界利益率が60％の場合、あと1万円利益が不足していたときに、いくらの売上が必要でしょうか？

当然、1万円では、売上原価や消耗品などの費用がかかるため、足りません。1万円売れると4000円の変動費がかかり、結果、6000円の利益が出ますが、1万円には届かないわけです。2万円だと、1万2000円の利益が出て、カバーできます。

1万円ピッタリ利益を増やすのに必要な売上は、1万円÷0・6（限界利益率）で、1万6667円となります。店長は、この1万6667円を客数や客単価、時間帯売上に置き換えて、計画を立てなければならないのです。

利益が不足した場合は、経費のコントロールとともに、この計算方法を用いていくら売上の積み増しが必要なのかを算出し、計画を立てましょう。後手《ごて》に回れば回るほど、売上でのリカバリーが苦しくなり、無理な経費削減に手を出して、お店の状態を悪くしてしまいます。

Point

損益分岐点売上高と限界利益率から計画的に営業利益を確保しよう！

05

粗利益の高い商品の売上構成比を上げる

粗利益を上げたいときは、どうすればいいのか？　効率良く粗利益率を上げるために意識するべきなのが、「相乗積」だ。

⦿売上が同じでも粗利益を上げる方法

「相乗積」という言葉をご存じですか？

これは、「商品または商品群の売上構成比×粗利益率」で算出され、「粗利ミックス」とも呼ばれるものです。

簡単に言うと、**粗利益率の高い商品がたくさん売れたほうが粗利益を稼げる**という単純な話です。

例えば、売価１００円のおにぎりで見てみましょう。

昆布おにぎりの原価は30円、梅おにぎりの原価は40円、鮭おにぎりの原価は50円だと

相乗積とは?

パターン①	原価率	粗利益率	売上構成比	相乗積
昆布おにぎり	30%	70%	30%	21%
梅おにぎり	40%	60%	40%	24%
鮭おにぎり	50%	50%	30%	15%
			Total	60%

パターン②	原価率	粗利益率	売上構成比	相乗積
昆布おにぎり	30%	70%	50%	35%
梅おにぎり	40%	60%	30%	18%
鮭おにぎり	50%	50%	20%	10%
			Total	63%

します。
　すると、売価は同じ100円なので、当然、昆布おにぎりがたくさん売れたほうが多く粗利益を稼げます。

　前ページの表をご覧ください。
　パターン①では昆布おにぎりの売上構成比が30％と低く、粗利益は60％です。
　パターン②では昆布おにぎりの売上構成比を50％に高めたため、粗利益が63％になりました。

　売上高が1万円の場合ではわずか300円の差ですが、売上高100万円だと3万円、1000万円だと30万円もの差になります。売上構成比を高めただけでかなりの違いになることがわかると思います。

　このように、**同じ売上でも粗利益率の高い商品を積極的に売ることで粗利益を増やすことができる**のです。

⊙低粗利商品は高粗利商品と組み合わせて売る

ただ、当然のことながら、**これがうまくいくのはお客様満足が伴う場合に限ります。**

お客様にとって商品Aも商品Bも商品Cも同じぐらい欲しいもので、どれを購入しても満足度に変わりがない、または、粗利益率もお客様満足度も高いと想定できるときには、積極的に粗利益率の高い商品をお勧めしましょう。お客様もお店もWin－Winの状態を目指してほしいと思います。

また、低粗利商品であっても、高粗利商品との組み合わせで粗利益を稼ぐ方法も考えられます。例えば、原価率の高いスイーツと原価率の低いドリンクのセットでしっかり粗利を稼ぐ、といった方法です。

皆さんのお店に置き換えて考えてみてください。さまざまな組み合わせを採り入れてみましょう。

Point

粗利益率の高い商品を積極的に売ることで粗利益を増やそう！

第7章

「お店をリスクから守る」仕組み

01 お店で起こり得る事件・事故を整理する

第7章では、お店を事件や事故などのリスクから守るために普段から管理しておくべきポイントと、実際に発生した場合に慌てずに対処するための準備について解説する。

◉事件・事故をカテゴリーに分ける

日々、一生懸命にお店の業務に励んでいても、1度の重大事故や事件によってお店の存続が危ぶまれることもあります。

事件や事故は忘れた頃にやってくるのではなく、そもそも事件・事故の未然防止の仕組みがないからやってきます。

そうならないために、未然防止の仕組みと、万が一発生した場合のフローをまとめておきましょう。「うちのお店に限って……」と油断しないことが重要です。

事件・事故一覧

	事件	事故
人	従業員同士のトラブル お客様とのトラブル 迷惑客 労務関係 パワハラ・セクハラ	店内クラスター感染 店内での怪我
物	商品・備品の盗難 横流し・転売 癒着 遺失物の取り扱い 消費期限切れ(食品) 異物混入(食品)	店舗設備の故障 建物設備の不良 什器の転倒 落下物による怪我 テーブル・椅子のガタツキ 駐車場内での事故 店舗での火災
金	強盗 横領 金券不正利用	紛失
情報	不正な情報持ち出し 従業員のSNSテロ	重要データの消失

お店では思いもよらないような事件・事故に遭遇することがあります。

店長としては、どんな事件や事故が想定できるか、過去の事例や他社の事例などを調査し、未然防止のための取り組みを行う必要があります。

さまざまな種類の事件・事故があるので、人・物・金・情報のカテゴリーに分けて整理してみましょう。

ちなみに、事件は、誰かにより故意に起こされた悪い出来事、犯罪性のある事実のことです。一方、事故は、意図せず起きた悪い出来事、犯罪性のない事実です。

02 「人」のトラブルは店長が間に入って対応する

まずは店長の対応が特に重要となる「人」にまつわる事件・事故の未然防止策と発生時の対応法について解説する。

◉事件①従業員同士のトラブル

お店の「人」に関するトラブルには、従業員同士、お客様と従業員、お客様同士のパターンがあります。

従業員同士のトラブルは、「態度が悪い」「挨拶がない」などといった人間関係のこじれから発生することが多いのですが、誤解であることも多くあります。「話してみると、思っていたような感じの悪い人ではなかった」ということは、珍しくありません。

店長としては、従業員間のコミュニケーションに注意を払い、不仲な従業員がいないかどうか把握しておく必要があります。不仲な従業員と店長の3人で休憩をとって、楽しい会話で関係を和《なご》ませることもできるでしょう。

また、個々に面談を実施して嫌いな従業員のことを聞き、「悪い点ではなく、良い点はどこですか？」と聞きます。そして、双方が良い点を言っていたことを伝えます。悪口を言い合っている関係でも、良い点を店長に伝えていたと知れば、気持ちも落ち着くものです。

店長はスマートに間に入り、関係を修復してあげてください。どうしても関係が改善されず、悪化していくようであれば、同じ時間帯のシフトに入れないような配慮も必要です。

また、よくあるパターンとして挙げられるのが、早番スタッフと遅番スタッフの不和です。後片づけや翌日の準備などで不満が溜まり、関係が悪化することもあります。締め作業や引き継ぎが必要な業務はルール化して徹底することで、些細《ささい》なトラブルを避けられます。

⦿事件②お客様と従業員のトラブル

お客様と従業員のトラブルは本来あってはならないことです。しかし、従業員も人間ですので、お客様から理不尽な態度で接してこられたり、暴言を吐かれたりすると、つい感情的になってしまうものです。

店長はお客様も従業員も大切にしなければなりません。そこで、双方が感情的になっている場合はすぐに応対を交代し、対処しましょう。

スタッフが失礼な応対をした場合は、店長として、当然、お詫びしなければなりません。よく、「本人に詫びさせろ」というお客様もいらっしゃいますが、かえってトラブルが大きくなることもありますので、スタッフの状況を見ながら、お詫びをさせるかさせないか判断してください。無愛想な態度でお詫びしたところで、さらにお客様を逆上させることになります。スタッフ本人が自分の落ち度に気づいており、反省しているようであれば、店長立ち会いのもと、本人からもお詫びをさせてください。

一方、お客様の理不尽な要求や態度から従業員を守ることも大切です。お客様は大切な存在ではありますが、何をやってもいいというわけではありません。応《こた》えようのない要求についてはきちんとお断りしましょう。

◉事件③お客様同士のトラブル

「並んでいたのに横入りした」「すれ違いざまに肩がぶつかった」「騒がしい」といったお客様同士のトラブルについて、従業員に仲裁をさせるのは心苦しいものです。経緯がわからない場合はなおさらです。

大きな声で言い合ったりする場合は、「他のお客様にご迷惑がかかりますのでお静かに願えますか」程度の声掛けをし、止めないようであれば警備員に連絡したり、場合によっては警察に連絡しましょう。**従業員が仲裁に入り、暴行でも受けてしまったら、取り返しがつきません。**

現在（2021年4月）は、新型コロナウイルス感染予防のため、店内で大きな声で騒いでいるお客様をお店としては放置できません。あらかじめ、感染予防のために店内での大きな声での会話を控えるようにお願いする旨《むね》をお伝えしましょう。それでも騒がれるお客様がいる場合は、声のトーンを落としていただくように丁寧にお願いします。

現状では、そういったお客様を注意しないお店側に批判が集まり、「あのお店は騒いでいる客がいても注意しない」と、悪い口コミがインターネットを経由して広がるリスクもありますので、気をつけて対応することが望ましいです。

Point

「人」に関するトラブル全般は基本的に店長が間に入って対応しよう！

03

起こらないよう対策を講じておくべき「人」の事件・事故

「人」にまつわる事件・事故には、労務関係、パワハラ・セクハラ、店内での怪我、さらに感染症対策も含まれ、非常に多岐にわたる。店長は、どの点も確認を怠ってはいけない。

◉事件④労務関係のトラブル

労務関係のトラブルは、法令に抵触すると懲役や罰金刑が科せられるだけでなく、ブラック企業の烙印《らくいん》を押され、従業員の一斉離職や採用難に陥《おちい》ることになります。

店長は法令を遵守《じゅんしゅ》し、労働者の保護に努めなければなりません。

労働基準法、労働協約、就業規則の中身をよく理解し、ルール違反がないよう注意を払ってください。

いまだに、休憩を与えない、残業時間をつけさせない、有給休暇を申請させないといったブラックな企業文化の会社やお店があります。

「お店が潰れたら仕事自体がなくなる。そうしたらスタッフも困る。だからサービス残業を強《し》いたり、有給休暇を取らせたりしないのは仕方ない」と、一見正当性があるような言い訳をしてきますが、**誰かの犠牲の上に成り立つお店は事業として成立していません。**残業代を払えないのであれば作業の効率化を図り、残業をさせない方向で改善が必要です。

今の時代、ブラック企業が生きながらえることはありえません。法令を守り、正しく店舗運営を行いましょう。

⦿事件⑤パワハラ

自分ではそんなつもりがなくても、従業員がパワハラ・セクハラを受けたと訴えることがあります。

スキンシップやコミュニケーションの一環のつもりでも、パワハラ・セクハラに該当することがあるので、店長は自分の言動に対し細心の注意が必要です。

パワハラは、強い口調で怒鳴ったり、店長の立場を使って嫌がらせをしたり、明らかに度を超えた仕事量を押しつけたりすることだけではありません。
明らかにかわいがっているスタッフだけに重要な仕事を与えたり、逆に、楽な仕事ばかりを与えたりして、他のスタッフに対し不公平感が出てしまう場合も、パワハラに該当する恐れがあります。

他社の事例などをチェックし、パワハラに該当するような行為が一切ないようにしましょう。

参考までに厚生労働省による「職場のパワーハラスメントに当たりうる6類型」を、左ページで紹介します（出典：厚生労働省雇用環境・均等局）。詳しくは厚生労働省のホームページをご参照ください。

⦿事件⑥セクハラ

セクハラは、直接身体に触れたり、性的な言動により不快感を与えたりといった行為だけでなく、普段のコミュニケーションでも起こり得ます。

「恋人いるの？」

職場のパワーハラスメントに当たり得る6類型

	当たると考えられる例	当たらないと考えられる例
身体的な攻撃	上司が部下に対して、殴打、足蹴りをする	業務上関係のない単に同じ企業の同僚間の喧嘩
精神的な攻撃	上司が部下に対して、人格を否定するような発言をする	遅刻や服装の乱れなど社会的ルールやマナーを欠いた言動・行動が見られ、再三注意してもそれが改善されない部下に対して上司が強く注意をする
人間関係からの切り離し	自身の意に沿わない社員に対して、仕事を外し、長期間にわたり、別室に隔離したり、自宅研修させたりする	新入社員を育成するために短期間集中的に個室で研修などの教育を実施する
過大な要求	上司が部下に対して、長期間にわたる、肉体的苦痛を伴う過酷な環境下での勤務に直接関係のない作業を命ずる	社員を育成するために現状よりも少し高いレベルの業務を任せる
過小な要求	上司が管理職である部下を退職させるため、誰でも遂行可能な受付業務を行わせる	経営上の理由により、一時的に、能力に見合わない簡易な業務に就かせる
個の侵害	思想・信条を理由とし、集団で同僚１人に対して、職場内外で継続的に監視したり、他の従業員に接触しないよう働きかけたり、私物の写真撮影をしたりする	社員への配慮を目的として、社員の家族の状況などについてヒアリングを行う

出典：厚生労働省雇用環境・均等局ホームページ

「どんな異性がタイプ？」

「結婚の予定は？」

「出産の予定は？」

「休日は何をやっているの？」

「美人に入れてもらったお茶は美味しい」

「美男子だから出世が早いね」


このような会話でも、何度も繰り返され、相手が不快感を覚えれば、セクハラに該当する恐れがあります。コミュニケーションの一環のつもりでも十分に注意しましょう。

男女雇用機会均等法は、職場におけるセクハラの防止措置を講じることを事業主に義務づけています。

厚生労働省のパンフレットでは、

「職場におけるセクシュアルハラスメントは、『職場』において行われる、『労働者』の意に反する『性的な言動』に対する労働者の対応によりその労働者が労働条件について不利益を受けたり、『性的な言動』により就業環境が害されることです。

職場におけるセクシュアルハラスメントには、同性に対するものも含まれます」となっています。

現在はセクハラの種類（環境型・対価型）もさまざまであり、判断基準や事例を知ることも必要です。

詳しくは厚生労働省のホームページを見て、一度しっかり確認しましょう。

⦿事故①クラスター感染

新型コロナウイルスの感染拡大により、店舗ではクラスター感染防止の取り組みが必須となっています。店長には最大限の注意と対策が求められます。

お客様の体温チェック、従業員の体温・体調のチェック（記録）、マスク着用の義務化、消毒の徹底、ソーシャルディスタンスの確保、店内混雑の緩和（三密の防止）、換気の徹底、こまめな清掃、飛沫飛散防止のための仕切りの設置、キャッシュレスの積極導入など、業態ごとに対応していただきたいと思います。

詳しくは業界団体などがガイドラインを出していますので、それに準じた対策を講じてください。
また、内閣官房新型コロナウイルス感染症対策推進室のホームページを参照し、最新情報と対策についての情報収集も行ってほしいと思います。

⦿事故②店内での怪我

店内で従業員やお客様が怪我をしないよう、店長は事故防止の取り組みを普段から行っておくことが大切です。

例えば、雨の日に床が滑りやすくなっていたにもかかわらず、水切りをせず、お客様が転倒して怪我をする。天井や壁から突起物が出ており、お客様がぶつかったり、引っ掛かったりして怪我をする。店内の見通しが悪いところで小さなお子様と従業員が衝突してお子様が怪我をする。そうしたことが起きないよう、店内で事故が起こりやすい状態になっていないか改めて確認しましょう。

床が滑る場合は、マットを敷いたり、こまめに清掃したり、お客様への注意喚起をしたりすることが必要ですし、つまずいたりぶつかったりする場所には補修工事が必要です。

見通しの悪い店内では、鏡を使って衝突を避けるなどといった対策を講じておきましょう。

また、飲食店では、やけどや包丁、ガラスなどによる怪我も多く発生します。制服や調理器具、濁って中が見えない状態になったシンクの水の交換など、ルールを設けて事故防止に努めましょう。

万が一、従業員やお客様が事故に遭《あ》った場合は、応急処置とともに、救急病院への搬送、救急車の手配を行ってください。

怪我ややけどの応急処置、ＡＥＤの使用方法については、東京消防庁のホームページに詳しく記載されています。

読んでおくだけでなく、**もしもの発生に備えて印刷・掲示しておきましょう。**

Point

政府や業界団体のガイドラインを確認し、基礎情報を学んでおこう！

04 ルールを作って「物」の事件・事故を防止する

商品や備品の盗難に悩む店長は少なくない。店長が先頭に立って、常に在庫管理を徹底する姿勢を見せることが、「物」の事件・事故の防止になる。

◉事件①商品・備品の盗難や業者との癒着

残念なことに、商品や備品が紛失した経験があるお店がほとんどだと思います。悪意がなく、ミスやうっかりで紛失する場合もあれば、意図的に商品や備品を持ち帰ったり、横流ししたりしていることもあります。

店長は、そういった不正行為がないよう、**そもそも不正行為ができない環境を作っておく必要がある**のです。

よくあるのが、お店の商品や備品を自分用に持ち帰ることです。

商品を持ち帰られるとロスとなり、売上原価が跳ね上がります。

少しずつ持ち帰られたりすれば、期末の実地棚卸《たなおろ》しまで発覚せず、被害が大きくなることもありえます。

そこで、**簡易的な棚卸しを毎日実施する**ことをお勧めします。在庫は鍵をかけて管理する、持ち出した人の名前を記す、などといった対策を講じましょう。

ただ、どうしても手間がかかってしまいますので、従業員が1人になりやすい場所に置かれている在庫などについては、従業員にも公表したうえで、防犯カメラを設置しておきましょう。隠しカメラは、従業員が設置されていることを知ったときに不信感を持ちますので、公表しておいたほうがいいです。

また、棚卸差異については原因を究明する姿勢を普段から示し、「在庫が合わないことは異常事態」「徹底調査する」ということをお店の文化にしてください。

私は多くの企業のコンサルティングをしていますが、過去に悪質な事件にも遭遇しました。特に悪質なのは、商品の横流し・転売、業者との癒着《ゆちゃく》です。

商品の横流しは、残念ながら、発注担当、荷受け担当、締め作業の責任者など、重要業務を任せているスタッフが起こしがちです。

それらを防ぐためには、発注や荷受け、締め作業を1人のスタッフに集中させず、いろいろな人ができるようにしておくことです。相互チェックによって不正が起こらないようにしておきましょう。

また、仕入れ業者と頻繁に、しかも個人的に食事に行っているような従業員がいる場合も、注意が必要です。

仕入れ業者などには、従業員と個人的な付き合いをしないよう、あらかじめ要請しておきましょう。

⦿事件②拾得物のトラブル

お客様がうっかり忘れてしまったものを、お店でどのように管理しているでしょうか？

特に貴重品や高価な電子機器類（パソコン・携帯電話・タブレットなど）の忘れ物については注意が必要です。お店で保管していたにもかかわらず紛失してしまったり、破損してしまったりした場合は、賠償責任を負う場合もあります。

店内で発見した遺失物については管理のルールが必要です。

主なポイントは以下の通りです。

・拾得物管理票の作成

拾得者・日時・物品・保管場所・保管期限・届け出先を記入するとともに、引き取り者サイン欄、引き渡し者サイン欄を設ける

・拾得物の取り扱い

財布やバッグについては中身を見ない

すぐに封筒・紙袋などに入れて封印（必ず2人以上で行うこと）

携帯電話・スマートフォンなどは電源を切って保管（すぐに交番に届ける）

・遺失者の確認

遺失物を取りに来た方の身元確認（身分証）

携帯電話やスマートフォンについては、かかってきた電話に出るのが親切に思えますが、思わぬトラブルに巻き込まれることもあります。

忘れた携帯電話に従業員が出てしまったことで、出張中のはずのサラリーマンが違う場所にいることが奥様にバレてしまい、離婚騒ぎになったり、本人以外の人が本人になりすまして受け取りに来て、後で本人が取りに来て騒ぎになったりと、想像しないこと

が起こることで、お店側の責任を問われることがあります。

ですから、**携帯電話やスマートフォンは、すぐに交番に届ける**ようにしましょう。

身分証の確認も同じ理由です。間違って違う人に渡してしまうトラブルを避けるためですので、その旨をお客様にもお伝えし、ご理解いただくようにしましょう。

◉事件③消費期限切れ商品の販売・異物混入

食品を販売する小売店や、調理して提供する飲食店で気をつけなければならないのが、消費期限切れ商品の提供です。

消費期限切れの商品を販売したからといってすぐに違法となるわけではありません。しかし、具体的な健康被害が発生した場合や、明らかに健康被害の発生が想定できることを把握したうえで故意に販売した場合は、食品衛生法違反に該当する場合もありますので、管理が必要です。

POSレジで、バーコードをスキャンした段階で消費期限切れが判明するシステムを導入すると、うっかり販売してしまったというミスはなくなりますが、高額なPOSを購入できない店舗もあります。

それなら、最もアナログな方法ではありますが、**消費期限の短いものは、毎日の在庫**

チェック・発注のたびに確認しましょう。消費期限が比較的長いものは、カレンダーで管理します。また、消費期限ごとに在庫棚を分けて、誤って販売してしまうのを防止するといった方法も考えられます。自店舗の規模や状況に応じて工夫してみてください。

また、食品への異物混入も徹底的に防がなければなりません。

調理過程で混入する場合が多いため、調理スタッフの身だしなみに気をつける他（体毛が混入しないような帽子や制服）、混入してもすぐわかるような色合いのものを使うことで混入のリスクを低減できます。例えば、混入しやすいラップやセロハンテープは透明を避け、色つきのものを使用する。破片の混入リスクがあるプラスチック容器は使用せず、ステンレス製を用いる。洗浄用のタワシは食材の色に同化しづらい色を選ぶなど、すぐにできることが多々あります。

また、厨房内でのホチキスやシャープペンシルなどの使用を禁止したり、調理台付近にガラス製品を置かないルールなども有効です。

Point

拾得物の扱いも、消費期限切れ防止も、ルールを作って対応しよう！

05

お店の中の「物」に危険が潜んでいないかチェックする

「物」に関する事故には命に関わるようなことも含まれる。店長は日頃から店内の点検を怠らず、未然に防ぐ対策を抜かりなく行おう。

◉事故①店舗設備の故障・建物設備の不良

お店の売上損失に直結する店舗設備にはさまざまなものがありますが、特に**営業ができなくなるような設備不全は発生を未然に防ぐ必要があります。**

例えば、店内の照明器具、レジ、冷蔵庫、エアコン、券売機などが使用不能になると、すぐさま営業がストップしてしまうリスクがあります。

定期的なメンテナンスにより故障を防ぎ、異音、動作不良、警告表示などに気づいたときはすぐに対処しましょう。

また建物設備については、さらに注意が必要です。例えば、階段の手すり、2階以上の窓枠（落下防止枠）の緩みやガタツキなどは、重大事故につながる恐れがありますので、定期的にチェックする仕組みにしましょう。

⊙事故②什器の転倒・装飾品や在庫の落下・テーブルや椅子のガタツキ

お店にある大型什器《じゅうき》は、一見、転倒することはなさそうですが、意外に倒れやすいものもあります。

例えば、縦長の陳列棚、大型モニター、大型冷蔵庫、木製本棚、券売機、キャビネットなどは転倒のリスクがあります。寄りかかったり引っ張ったりすることで転倒することもありますし、地震が発生した際は、一度宙に浮いてから転倒することもあります。

転倒の恐れのある什器は、転倒防止の器具などを使って固定してください。

また、頭より高い位置にある装飾品や在庫にも注意が必要です。取り出す際や地震の際に落下して大怪我をする恐れがあります。高い場所にあるもので、硬いものや鋭利なものは移動させておきましょう。

その他、飲食店などでテーブルや椅子を提供する際は、ガタツキがないか、日々のチェックが必要です。お客様が座った瞬間に椅子が壊れて怪我をすることもありえます。ガタツキがある場合はすぐに補修してください。

⦿事故③店舗駐車場内での事故

駐車場内でのお客様同士の接触事故は、運転免許を保有する運転者の責任ですので、駐車場に明らかに衝突や接触の危険がある場合（見通しが悪く、ミラーを設置するなどの安全配慮に欠けているなど）でない限り、お店側に責任はありません。

なので、お客様同士で解決すべきことですが、お店側としても無視はできません。怪我人がいる場合は速やかに救急車の手配をし、警察に連絡するなどの協力は必要です。また、場合によっては駐車場に設置している防犯カメラの映像提供が必要な場合もありますので、対応できるようにしておいてください。それ以上のことは当事者同士の問題になりますので、曖昧な記憶による証言などは避けましょう。

店長としては、駐車場内で事故が発生しないよう、見通しの悪い場所にミラーや注意喚起の表示を設けたり、輪止めの縁石が固定されているか、路面に穴が開いていないか、白の枠線は薄くなっていないかなどを確認したりと、**未然に防止する対策を取るべき**です。車上荒らしなどを防止するためにも、防犯カメラ設置の表示もしておきましょう。

⦿事故④店舗での火災

万が一、店舗で火災が発生した場合、被害は甚大《じんだい》で、営業を継続することは非常に困難になることでしょう。そのため、店舗での火災は何としても防がなければなりません。

店内やバックスペース、休憩室での喫煙については、できれば禁止したほうがいいです。店頭や店舗周りでの喫煙も火災のリスクが伴いますので、指定の喫煙所で喫煙するようにしましょう。加熱式タバコについては、紙巻きタバコに比べ火災のリスクは非常に低いのは事実ですが、可能性がゼロとは言えませんので、紙巻きタバコ同様に店内での喫煙は避けましょう。その他、**コンセントとプラグの隙間にホコリが溜まると火災につながることもあります**（トラッキング火災）。プラグの安全カバーやケーブルボックスの利用などで、未然防止に努めましょう。普段使用しないコンセントの差込口には、コンセントキャップを用いてホコリが溜まらないようにしておきます。

飲食店など、火を使うお店は最大の注意が必要です。ガス漏れや消し忘れ、換気口に溜まった油などをチェックする仕組みを整え、定期的なメンテナンスで防ぎましょう。

Point

店舗内の危険な場所を減らし、定期的なメンテナンスを行おう！

06 「金」関係の事件・事故を未然に防止する

「金」に関する事件・事故は、店舗運営をするうえで切っても切り離せない。チェックは必ず複数人で行うなど、店長はルールを決めて徹底した管理に努めなければならない。

⊙事件●横領や金券の不正利用

お金にまつわる事件も後を絶ちません。レジの機能がよくなっても、新たな不正の手口を探し出したり、発覚を覚悟のうえで強行策に走ったりする人もいます。

従業員の退店後に金庫を施錠するのはもちろんのこと、多額の現金を店内に保管することのないよう、夜間金庫などを活用することをお勧めします。夜間金庫を使用する際にも、夜暗くなってから預け入れに行くのではなく、明るいうちに高額紙幣だけ抜き取って預け入れに行くなどしたほうがいいでしょう。

特に、**銀行が営業していない週末が狙われやすい**ので注意してください。金庫の暗証番号も定期的に変更するようにしましょう。

レジからお金を抜き取られないようにするために、レジ締めの現金チェックは2人以上で行ってください。レジの空打ち、取り消し、訂正は不正を招く要因になります。

取り消しレシートの保管、訂正機能を使用したスタッフ、訂正回数などはレジで確認できますので、回数が多い場合はオーダー伝票と照合するなどの対策を行いましょう。

在庫とレジデータの照合もできますから、**空打ちがないか、時々抜き打ちで確認する**ようにしてみてください。

また、部外者による犯罪の被害に遭うこともあります。

外部からの侵入は、従業員の退店後に忍び込んで金庫やレジからお金を盗み出す、閉店後の現金集計時に押し入る、などがあります。閉店後の締め作業時は、鍵を掛けて、外部から侵入できないように気をつけましょう。

金券についても不正の温床になりやすいので、厳正な管理が必要です。金券、引換券、ポイントカードなどは簡単に不正ができてしまいます。それぞれどういった処理をするのか、保管方法など、不正ができないようなルールを決めて、それを守るように徹底させましょう。

◉事故●お金の紛失

お金を紛失してしまうことは、銀行の行き帰りに起こり得ます。

例えば、銀行からの帰りに買い出しをお願いし、かごの商品を袋に詰める際、現金が入ったバッグを置き忘れてくる。同じく、銀行からの帰りに店舗が入居している集合ポストから郵便を取り出すときに、集合ポストの上に置き忘れてくる、といったことです。

このように、**銀行への入出金の際に、他のことも依頼すると置き忘れのリスクが発生する**ため、現金を持ち歩く際には他の仕事を依頼しないようにしましょう。

郊外型の店舗の場合は、車に現金を放置して盗難に遭う場合もあります。できれば、多額の現金を持ち歩かせるときは2人で行くようにしてください。

Point

レジデータのチェックを行い、現金管理はミスが起こらないように！

07 「情報」の持ち出しやSNSテロもルールで防止する

最後に「情報」にまつわる事件・事故について。情報もお店の財産。不正に持ち出されることがないようにしよう。「SNSテロ」にも目配りしておく必要がある。

◉事件①不正な情報の持ち出し

お店にはさまざまな重要データがあります。顧客データ、売上データ、仕入先データ、人事データ、製造方法やレシピなどのマニュアルやノウハウのデータ……。これらのデータが競合他社のもとに渡ったり、インターネット上に公開されたりすると、大きな被害を受けます。

そうならないために、**重要なデータはセキュリティーをしっかりとしておかなければなりません。**少なくとも、紙ベースの情報は、施錠可能なデスクやキャビネットで保管し、鍵は店長が持つようにしましょう。

パソコン上のデータはパスワードを定期的に変更するだけでなく、利用者を制限し、利用者・利用履歴をチェックできるようにしておきましょう。万が一に備えてフォルダごとのアクセス制限を設け、パソコンにログインする権限があっても重要データにはアクセスできないようにしておくことも大事です。

その他、プリントをできなくしたり、USBやSDカードのスロットを使えなくしたりし、添付ファイルも送れないように設定しておきましょう。

◉事件②従業員のSNSテロ

従業員が商品や備品を使って悪ふざけをする様子を写真や動画で撮影し、SNSに投稿することが、「SNSテロ」や「バイトテロ」と呼ばれ、問題になっています。

2013年頃から頻発し、テレビや新聞などでも大きく取り上げられました。お店や会社に批判が集まり、これが原因で営業停止に追い込まれたり、謝罪会見を開いた会社も少なくなく、なかには倒産したお店まであります。店長はスタッフが「SNSテロ」を起こさないように、日頃からできる対策を取っておいてほしいと思います。

大手企業ではシステム管理部がSNSを巡回するなどして対策していますが、店長としてできることは、**スタッフに対して事前教育をしっかりする**ことに尽きます。

まずは携帯電話を店舗内(店頭や作業場)に持ち込むことを禁止するルールを作りましょう。勝手に写真や動画を撮れないようにすることが重要です。ロッカーや貴重品入れに入れてあるか、店舗内に持ち込んでいないか、検査を行い、厳しくチェックすることで、携帯電話を持ち込ませない雰囲気を作りましょう。

⦿事故●重要データの消失

パソコン内の顧客情報や分析データをうっかり消してしまって、これまで蓄積したノウハウが無になってしまうこともあります。

重要なデータはパソコンのハードディスクではなく、クラウドサーバーにも保存するようにしましょう。クラウドサーバーの場合は、万が一削除してしまっても、復旧できる可能性が高いため、慌てる必要はありません。システム担当者やクラウドサーバーのサポートに連絡して復旧の依頼を行ってください。

Point

重要情報へのアクセスを制限し、携帯電話の持ち込みを禁止しよう!

おわりに

最後まで読んでいただき、ありがとうございました。

この本は、悩み苦しんでいる店長が、課題解決の糸口を見つけ、前を向いて進む勇気を持つために、「誰でも『できる店長』になれる仕組み作り」をテーマに書きました。

現在、店舗を取り巻く環境は甘くありません。お店で働く大変さ、将来に対する不安など、いろいろと思い悩むことがあると思います。

しかし、私たちが携《たずさ》わっている店舗ビジネスは、商品を販売したり、料理を提供したりするだけでなく、消費者の心の充実に貢献する重要な仕事です。お店に行ってお買い物をする楽しさ、外食をする嬉しさ、サービスを受ける喜び。**私たち店舗ビジネスは、レジャー産業**なのです。

ＥＣサイトでお買い物ができても、デリバリーで料理が届いても、リモートでサービスを受けても、お店に行って味わう満足感にはおよびません。私たちの仕事は、どれだけＩＴが進化しても、なくなることはありません。人と人のつながり、あたたかさを実感できるのは、対面して接客ができるお店だけなのです。

これから、良いお店は今まで以上に特別な存在になります。ＡＩ、ロボット、リモート接客に比べて、圧倒的な存在感、価値を提供できるからです。

これから皆さんは、その特別な存在になるべく、最高のおもてなしを、仕組み作りと並行して実施してください。そして、地域のお客様の圧倒的な支持を受け、生涯、店舗ビジネスに携わっていただきたいと思います。

特別な存在になれば未来は明るい。そうなるために、今何をすべきか、どんな努力が必要かをよく考え、１日１日を大切に過ごしていただければと思います。

◎経営者・経営幹部の皆様へ――未来ある店長のためのお願い

読者のなかには、店長の育成に頭を悩ませている経営者や経営幹部の方もいらっしゃることでしょう。こうした方々にも、私の想いを少し述べさせてください。

多くの経営者が、この厳しい環境で、苦しい経営を余儀なくされていると思います。もっと店長や従業員の教育に力を入れたい、もっと厚遇したいと思っていることでしょう。目の前の経営と未来への投資。難しい舵取りが求められていると思います。

即戦力として大きな成果を上げられる店長がすぐに欲しいと思うのは当然です。しかし、そんなに都合の良い店長は降って湧いてこないのも現実です。

現場の仕事は現場で学び、それなりにできるようになっても、店舗のマネジメントは次元の違う仕事です。プレイヤーをマネージャーに育てる必要があります。

今は目立った活躍のない店長も、磨けば必ず光る店長になります。

そのためには、教育の機会、成長の機会、やり直しの機会を設けていただきたいと思います。

「そんな余裕はない！」といった声も多く聞きます。しかし、磨いていない斧では、大木や十分な量の木を切ることができないのと同じです。ピカピカに磨きあげ、使った後は手入れをして、長く活躍してもらうよう手間をかける必要があるのです。

もし、すぐに優秀な「できる店長」が欲しいのであれば、高額な報酬を提示してヘッドハンティングすれば採用できるかもしれません。しかし、そんな店長ばかりを求めていては事業が成立しませんし、他の会社からヘッドハンティングで奪われるリスクも考えられます。

それよりも、経営者が愛情と手間をかけて、ロイヤルティの高い「できる店長」を育てたほうが、長く会社のために頑張ってくれますし、店長の幸せにも貢献できます。

現場の店長たちは、目に見えないところで、奮起し、直向《ひたむ》きに頑張っています。**毎日現場で汗を流している店長たちの頑張りを認めてあげてください。**

また、店長が活躍するためには、制度設計と、定期的なメンテナンスが必要です。改めて現場の声に耳を傾け、現場と一体になって、会社に必要な制度を整えてください。

経営者の真摯《しんし》な姿勢が店長たちに伝わったとき、店長たちは今以上に奮起し、大きな成果を生んでくれます。

店長も前進の一歩を踏み出します。経営者も、覚悟を持って、店長と向き合い、さらなる飛躍の一歩を踏み出してほしいと心より願っています。

最後に、本書の出版にあたり、ご協力およびご助言をいただきました株式会社ＰＨＰ研究所の中村康教様、岸正一郎様、有限会社アトミックの鮫島敦様（故人）、沖津彩乃様に、心より感謝申し上げます。

特に鮫島様には、生前、出版に関して多大なご支援を賜りました。本作執筆中に突然の訃報《ふほう》を受け、深い悲しみとともに、本作をより良いものにしようと強い気持ちで書き上げました。この場をお借りして、鮫島様のご冥福をお祈り申し上げます。

令和三年四月一日

鳥越恒一

読者特典

「できる店長」になるためのシートを
読者限定プレゼント！

本書に掲載したシートを、読者の皆さま限定で、特別にプレゼントさせていただきます。左記のＵＲＬまたはＱＲコードからアクセス・ダウンロードして、ぜひご活用ください。

URL：https://kanbu.jp/publishing/pr4.html

※プレゼントは予告なく終了することがありますのでご了承ください。
※本プレゼント企画に関するお問い合わせは、info@kanbu.jpまでお願いいたします。

〈著者略歴〉

鳥越恒一（とりごえ・こういち）

DIC 幹部育成コンサルティング㈱代表取締役。金融業、飲食業を経て、2003 年、㈱ディー・アイ・コンサルタンツ入社。人財開発研究部の担当役員として部門を統括。2012 年に DIC 幹部育成コンサルティング㈱を設立し、社長に就任。上場企業から個人店まで、飲食・小売・サービス業の人財育成を通したコンサルティングに従事。年間 4000 人もの現役店長から相談を受け、これまでに延べ 5 万人以上の店長の悩み、現場の課題に徹底的に取り組んでいる。http://www.kanbu.di-c.jp

プライベートでは武道を通して「いじめに負けない、いじめない」をテーマに青少年の健全育成に尽力（空手道護心会代表師範、AJTA 埼玉県テコンドー協会副会長、テコンドー護心会代表師範）。公私ともに人材育成をテーマに日々精力的に活動している。https://goshinkaib.jimdo.com/

著書に『店長が必ずぶつかる「50 の問題」を解決する本』（PHP 研究所）、『プロ店長 最強の仕事術』（日本経済新聞出版）、『ほめられたいときほど、誰かをほめよう 店長の心を励ます 50 の言葉』（プレジデント社）、『実力店長に 3 ヵ月でなれる 100step プログラム』（ディー・アイ・コンサルタンツ編／同友館）などがある。その他、専門誌での連載多数。

編集協力――――――――――有限会社アトミック（鮫島敦、沖津彩乃）
装丁――――――――――――小口翔平+加瀬梓（tobufune）
図版・本文デザイン―――――桜井勝志

できる店長は、「これ」しかやらない
すべての悩みは「仕組み」が解決する

2021年6月1日　第1版第1刷発行

著　者	鳥　越　恒　一
発行者	後　藤　淳　一
発行所	株式会社PHP研究所

東京本部　〒135-8137　江東区豊洲5-6-52
第二制作部　☎03-3520-9619（編集）
普及部　☎03-3520-9630（販売）
京都本部　〒601-8411　京都市南区西九条北ノ内町11
PHP INTERFACE　https://www.php.co.jp/

組　版	有限会社エヴリ・シンク
印刷所	株式会社精興社
製本所	株式会社大進堂

　ISBN978-4-569-84937-9

PHPの本

できるリーダーは、「これ」しかやらない

メンバーが自ら動き出す「任せ方」のコツ

伊庭正康 著

リーダーが「頑張り方」を少し変えるだけで、部下は勝手に頑張り出す！　部下への〝任せ方〟を知らないばかりに疲れているリーダー必読！

定価　本体一、五〇〇円（税別）

PHPの本

接客・サービス業のリーダーにとって一番大切なこと

お客様からもメンバーからも熱愛される「ホスピタリティチーム」の作り方

船坂光弘 著

お客様から熱愛されてメンバーも辞めない「ホスピタリティチーム」は、誰でも作れる！ サービス業専門の現場教育のパイオニアが指南！

定価 本体一、六〇〇円（税別）

店長が必ずぶつかる「50の問題」を解決する本

鳥越恒一 著

全国の店長さん！　その悩み、解決します。延べ5万人の店長の課題を解決してきた著者による、リアルで実践的なノウハウ集。

定価　本体一、五〇〇円
（税別）